Hundert Jahre Zärtlichkeit

Pierre-Héli Monot

Hundert Jahre Zärtlichkeit

Surrealismus, Bürgertum, Revolution

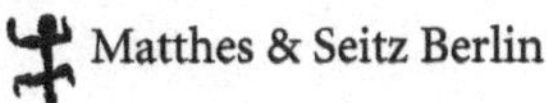

»Dann war es ein Donnerstag, und ich bin immer donnerstags mit einer Freundin in die Sauna gegangen. Also bin ich in die Sauna gegangen. Als ich mit meiner Saunatasche zurückkam in die Schönhauser Allee in Berlin, direkt an der Bornholmer Straße, da sah ich, wie die Leute herunterliefen. Dann werde ich nie vergessen, es war vielleicht halb elf, elf Uhr, vielleicht auch ein bisschen später: Dann bin ich einfach den Leuten hinterher. Ich war alleine, aber ich bin immer hinterher.«[1]

Angela Merkel über den 9. November 1989

»Ich bin wie Robespierre. Er saß eines Tages im Café und sah eine Menschenmenge vorbeilaufen. Da hat er seinen Kaffee stehenlassen und hat sich an den Kopf der rennenden Menge gestellt. Man fragte ihn: Aber warum, wo gehen Sie denn hin? Ich weiß es nicht, sagte er, aber ich muss bei allem, was passiert, immer vorneweg sein.«[2]

Salvador Dalí, 1966

$$\text{Bürgertum} \cong \begin{cases} \text{upper middle classes (eng.)} \\ \text{bourgeoisie (fr.)} \\ \text{Forward Caste (ind. eng.)} \end{cases}$$

»Nicht durch ihre Originalität zeichnen sich
die Zivilisationen aus, sondern durch den hohen Grad
ihrer Universalität, ihre Kohärenz, das heißt
durch das geringe Maß an Heuchelei,
das ihre Großmut enthält.«[3]

Emmanuel Levinas, 1963

Inhalt

1.

Kapitulation: Zum bürgerlichen Selbstmord

»wie will man da irgendwelche Zärtlichkeit oder Toleranz zeigen gegenüber einem wie auch immer gearteten sozialen Konservierungsapparat? Das wäre wirklich der einzige Wahnsinn, der für uns unannehmbar wäre.«[4]

André Breton, *Zweites Manifest des Surrealismus*, 1930

Unter welchen Bedingungen verschreibt sich die intellektuelle Bourgeoisie eigenmächtig und glaubwürdig der Revolution? Welche historischen, politischen, ökonomischen und kulturellen Voraussetzungen müssen erfüllt sein, damit ideologisch und ökonomisch dominante Schichten (Ärzte und künftige Ärzte, Funktionäre und künftige Funktionäre, Gelehrte und wohlgelahrte Stipendiaten, Journalisten und Volontäre) gerade diejenigen Strukturen angreifen, die ihre Herrschaftsansprüche begründen? Wann und warum erklärt sich der *bourgeois*, der Bürger und Bildungsbürger, der sozial dominante *citoyen*, zum Selbstmörder und Opfertier?

Unter den heute noch halbwegs geläufigen westeuropäischen intellektuellen Bewegungen des 20. Jahrhunderts ist der Surrealismus die historisch letzte, die sich als bürgerliches Klassengebilde ihrer Selbstsabotage *eigenmächtig* und *glaubwürdig* hingegeben hat. Beide Adjektive sind hier essenziell. Ob die Surrealisten in ihrer Hingabe zur

Revolution erfolgreich oder nachahmenswert gewesen sind, spielt in diesem Buch dagegen eine untergeordnete Rolle.

Dennoch markiert das surrealistische Experiment eine historische und ideologische Zäsur im politischen Bewusstsein der intellektuellen Klasse. Spätere bürgerliche Bewegungen der Nachkriegszeit (Mai 1968[5], die überwiegend akademischen Traditionen der 1980er und 1990er Jahre, der europäische und US-amerikanische Neokonservatismus) waren nicht (bzw. waren nicht sehr und waren somit letztlich kaum) revolutionär.[6] Auch inthronisierten sie unter ihren Vordenkern ausgerechnet jene, die zwar die teils obszönsten revolutionären Sehnsüchte bedienten, aber für eine ausgesprochen reformistische Politik warben (Michel Foucault statt Cornelius Castoriadis, Judith Butler statt Luce Irigaray usw.). Effektiv revolutionäre Bewegungen der jüngeren Gegenwart (zahlreiche territoriale Unabhängigkeitsbewegungen, die erste, linke Welle der *Gilets Jaunes*, die autonomen Gruppierungen in Chiapas), das heißt solche, in denen aus den theoretischen Ambitionen auch praktische Mittel folgen, sind wiederum nicht bürgerlich. Auch inthronisieren sie keine Intellektuellen. Die Surrealisten allein erfüllten Anfang der 1920er Jahre das doppelte Kriterium einer bürgerlichen *und* revolutionären Bewegung gegen das europäische Bürgertum. Als Letzte schrieben sie sich das Programm einer *totalen* Veränderung menschlicher Existenz auf die Fahnen, durch die sie alle Prärogative ihres *bürgerlichen Intellektuellentums* verloren hätten. Warum?

Diese erste Frage lädt dazu ein, eine zweite zu stellen: Warum gelingt es den bürgerlichen Schichten westlicher, hochtechnologischer, kapitalistischer, liberaler, demokratischer Gesellschaften nicht, jene grundlegende Transformation zu bewerkstelligen, der, schenkt man den Beteiligten Glauben, die politische Wirklichkeit dringend unterzogen werden müsste? Tatsächlich scheint es für Grundlegendes nicht an Motivation zu mangeln, trotz einer prächtigen und unzweifelhaften Fortschrittsgeschichte – für Frauen, für Minderheiten und für Leute wie mich. Alles: die steigende Ungleichheit der Kapitalverteilung und der Lebenserwartung zwischen Ländern, Klassen, Ethnien und Individuen, die Privatisierung der Gewinne, die Sozialisierung der Verluste, die Fiktivität ökonomischer Maßeinheiten (*Übung*: definiere die nichtfiduziarische Substanzialität eines »Dollars« und definiere den Wert dieser Substanzialität selbst), allgemein die Esoterik der Wirtschaftswissenschaften (eine Disziplin, deren prognostische Verlässlichkeit bestenfalls mit der der Astrologie der Renaissance vergleichbar ist), der neuerliche Rückgang der Lesefertigkeit bei Akademikern in Europa und den Vereinigten Staaten,[7] die sinkende durchschnittliche Lebenserwartung in westlichen Gesellschaften seit 2018, die funktional-dysfunktionale Neutralisierung des Protests zu teils verbalen, teils symbolischen, allenfalls kostenneutralen Ansprüchen auf Gerechtigkeit, die mondäne Vereinnahmung realer sozialer Fortschritte, die obszöne Geschichtsvergessenheit der managerialen Amtssprache (Henri de Castries, damals CEO von Axa, im Jahr 2012: »Arbeit ist Freiheit«[8]; de Castries ist im Übrigen ein Nachfahre des Marquis de Sade[9]), die Tabuisierung des Extremismus der Mitte[10], die unaufhaltsame Zerstörung von Biosphäre und Biodiversität, die Zersetzung sozialer Gemeinschaften durch Flexibilitäts- und Disponibilitätsansprüche, die Privatisierung öffentlich finanzierter Forschungsergebnisse, die Überwachung, das Abhören, die Lohnabhängigkeit als Schicksal, die Massenarbeitslosigkeit, die militärischen Nichtinterventionen im Namen der geopolitischen Multipolarität, die Migrantenhavarien und so weiter und so fort. Die Begründbarkeit solcher Klagen (es sind die quasi aller, mit denen ich beruflich verkehren *könnte*) ist hier nebensächlich. Am Promoviertenstammtisch, wie auch in den dominanten Schichten der westlichen Gesellschaft im Allgemeinen, ist die Katze aus dem Sack. Empirischen Erhebungen zufolge halten 74 Prozent der Besserverdienenden mit akademischem Abschluss den Kapitalismus für ein ungerechtes System. 56 Prozent halten ihn sogar für schädlich.[11] Man müsste hier allerdings eine logische Schlussfolgerung hinzufügen: 18 Prozent der Besserverdienenden mit akademischem Abschluss halten also einen ungerechten Kapitalismus für unschädlich.

Die Unfähigkeit, sich effektiv und angemessen solchen apokalyptischen Problemen zu stellen, ist für die gegenwärtige Formation des Kapitalismus ebenso kennzeichnend, wie es diese Probleme selbst sind. Das ist, historisch betrachtet, faszinierend genug. Die langsame Zersetzung aller politischen Handlungsfähigkeit scheint sowohl zu den objektiven politischen Strukturen der Gesellschaft als auch zum subjektiven politischen Fatum ihrer mündigen, gelähmten Bürger zu gehören: Sie *können* nicht. Bürgerlichkeit verpflichtet höchstens zu einer kollektiven, verbalen Ablehnung des Unrechten und des Unhaltbaren; doch nur in den seltensten Fällen zieht das Bürgertum aus dieser Haltung praktische Konsequenzen, die zu einer effektiven, sei es auch nur reformistischen Klärung und Durchsetzung jener gesellschaftlichen Transformationen führen könnten, die allseits als notwendig erachtet werden. Das Phänomen wurde lärmend als *reflexive impotence* tituliert, also als eine subjektive Inkorporation objektiver Strukturen in Zeiten des »kapitalistischen Realismus«[12] gedeutet: Weil es uns leichter fällt, uns das Ende der Welt vorzustellen als das Ende des Kapitalismus, werden wir ihm ausgeliefert bleiben; weil wir etwas nicht tun, glauben wir, dass wir es ohnehin nicht tun könnten. Das wusste allerdings schon Spinoza – mit gewitzteren philosophischen und politischen Schlussfolgerungen.[13]

Auf diese Lähmungsdiagnosen folgten die wunderlichsten scholastischen Inversionen: Es sei der Kapitalismus selbst, nicht die Bürger, der sich aus politischen Belangen zurückgezogen habe.[14] Der Ambivalenz des Phänomens wird das schwerlich gerecht. Wie es zu dieser Kopplung von gesellschaftlicher Einsicht und politischer Passivität kommen konnte, wie dieses Zusammenspiel von bürgerlicher Entrüstung und politischer Tetanie zum primären Realitätsbezug eines wesentlichen Teils der westlichen, sich selbst als »bildungsnah« bezeichnenden Schichten werden konnte, davon vermitteln diese Großerzählungen kein historisches Verständnis. Westliche Gesellschaften sind besser als je zuvor über ihre eigene Dysfunktionalität informiert; noch nie haben Menschen so souverän über das Elend der Welt sprechen können. Zugleich ist die Möglichkeit einer effektiven, diesem Elend angemessenen Handlungsfähigkeit nie so stringent verneint worden. Wieso will man, kann aber nicht? Wieso wollte André Breton, inwiefern konnte er? Wichtiger noch: Wieso hatte er überhaupt die *Vorstellung*, es zu können?

Wäre der Surrealismus nicht schulisch, kunstgeschichtlich und politisch verschüttet, würde er in der gegenwärtigen Konstellation entscheidend sein. Schon immer wird er systematisch von den je hegemonialen Gelehrtenkulturen abfällig behandelt, und dies schon seit Erscheinen der ersten surrealistischen Manifeste. Dagegen kamen auch Walter Benjamin und die Situationisten nicht an. Es reicht ein Blick auf die pädagogische Zurichtung einer literarischen

Bewegung, die in Frankreich zur Schullektüre gehört und die neben Louis-Ferdinand Céline oft die Einzige ist, die junge Bürger nicht vehement ablehnen. Auf dem Stundenplan: zwei Theoreme und zwei Lektionen, allesamt tautologisch. *Erstes Theorem*: Die bürgerliche Revolution des Surrealismus war deswegen nicht revolutionär, weil sie bürgerlich war. *Erste Lektion*: Bürger dürfen ihre Bürgerlichkeit weder ablegen wollen noch ablegen können. *Zweites Theorem*: Die bürgerliche Revolution des Surrealismus war deswegen nicht bürgerlich, weil sie revolutionär war. *Zweite Lektion*: Käme es wieder zu einer Revolution, würden die Bürger an ihr weder teilhaben können noch teilhaben wollen. André Breton wusste das: »Meines Erachtens geht es viel zu weit, dass der Surrealismus nun in Schulen unterrichtet wird. Ich habe keinen Zweifel daran, dass man ihn dadurch einengen will.«[15]

Der pubertierende deutsche Bürger der intellektuellen Oberschicht liest, wenn ich recht unterrichtet bin, Franz Kafka und Joan Didion*; der pubertierende französische Bürger liest André Breton und Antonin Artaud. Als liturgische Einweihung, als rituelle Initiation in den Kreis der mäßig Lesekundigen und der maßlos Vermehrungs- und Akkumulationswilligen[16] nimmt sich das vielleicht nicht viel, obgleich sich die heiligen Texte unterscheiden. In beiden Fällen stellt das verschulte Zeremoniell sicher, dass die scheinbaren Paradoxien *bürgerliche Revolution gegen das Bürgertum* bzw. *ritueller Selbstmord der magistrierten Bourgeoisie* aus der Riege der rhetorischen Figuren ausscheiden,

* »Das war mal so«, versichern mir die unzähligen Kulturpessimisten, die mein Privatleben belagern, »Jungbürger lesen heute höchstens Tolkien und *Die Memoiren einer Geisha*.« Gut möglich; für das vorliegende Argument aber nur bedingt stichhaltig.

die die Zukunft dieser jungen Existenzen strukturieren werden.

Stattdessen, und allen voran unter diesen rhetorischen Schlüsselfiguren moderner Bürgerlichkeit, sei das Oxymoron genannt. Für die Bescheidenen: die unvoreingenommene Meinung, das *less is more* und die Tragikomik. Für die Fortgeschrittenen: die *docta ignorantia*, das beredte Schweigen und die Nacht der lebenden Toten. Von einer freiwilligen Knechtschaft zur nächsten ist nun der junge Bürger – *A damned saint, an honourable villain!*[17] – in der Kunst unterwiesen worden, sich ausschließlich solche Paradoxien zu Herzen zu nehmen, die sozial sanktioniert sind und einen vollends kalzifizierten, niemals überwindbaren politischen Horizont umschließen.

Junge Einsichtige, junge Nichtkönnende; mir selbst sind – als waschechtem *Demokraten*, als ambigem *Kapitalisten*, als bekennendem *Reformisten*, als habituellem *Kosmopoliten*, als grundlegend *liberalem Individuum*, als weitherzigem *Humanisten*, als *Rationalisten und Künstler* – die Grundzüge des Surrealismus immer fremd, gar zuwider gewesen: die Lobreden auf den Marquis de Sade (seine metaphysischen Demonstrationen aus Kinderleichen; Paz, Foucault, Bataille, Blanchot, Barthes sind da viel raffiniertere, viel kasuistischere Leser des »göttlichen Marquis«), die pauschale Verteufelung antinomischen Denkens, die Steifheit ihrer Vernunftkritik, die Gewaltbereitschaft, die verallgemeinerte Kapitalismuskritik, der Sammelfimmel (Masken, Pfeifen, Schachbretter, Frauen), die mittelguten Romane Louis Aragons, die politische Backfischdichtung Paul Éluards, die Unfähigkeit, das Böse zu benennen, der Eifer, sich der Methoden des Feindes zu bedienen. Die Bürgertumskritik selbst ist nicht Teil meines üblichen Repertoriums. Ich gehöre nun mal zu jenen, die von den sozialethischen und bürgerrechtlichen Reformen der letzten Jahrzehnte profitiert haben. Leute wie ich sind etwas besser geschützt, als sie es vielleicht jemals gewesen sind. Man weiß hier also nicht mehr so recht, was davon signifikanter ist: die Gewaltbereitschaft des Surrealismus oder ihre Trivialisierung im Kern der bürgerlichen Kultur.

Das surrealistische Ethos geistert aber noch immer durch das Imaginäre der intellektuellen Klasse Europas. Man hat revolutionäre Versuchungen und kann sich für die aktuelle Problemlage keine andere Lösung mehr vorstellen als die einer *absoluten* Politik. Man sehnt einen »Umsturz« herbei, dieses hässlichste aller Wörter in der deutschen Sprache. Allerdings hat der stets auf Effektivität bedachte Radikalismus eines André Breton oder eines Benjamin Péret zwischenzeitlich einen verharmlosenden, der Epoche konformen *linguistic turn* erfahren. Den Surrealisten war es eminent wichtig, dass ihre Lust zur Diffamierung und zur Rufschädigung von konkreten Straftaten begleitet wurde.

Das Bürgertum hingegen trennt das Erzählte und das Erlebte immer mit Emphase; es hat im 18. Jahrhundert die Autobiografie erfunden, um die konstitutive Trennung von Dichtung und Wahrheit quasitotemistisch zu zelebrieren. Die Surrealisten waren um einen angemessenen Abgleich beider Ordnungen, des Erzählten und des Erlebten, stets peinlichst bemüht. Kein Begriff ohne Denotat, kein Manifest ohne Sachbeschädigung, keine Invektive ohne Körperverletzung, kein Weltentwurf ohne Weltzerstörung, keine Weltzerstörung ohne Weltentwurf. Damit stehen sie in der revolutionären Tradition, die mit der Pariser Kommune beginnt und sich in Chiapas fortsetzt.

Die Viktorianischen Bürger, das gediegene Bürgertum des Deutschen Kaiserreichs und die *bourgeoisie* der Dritten Republik konnten noch getrost die Existenz der Arbeiterslums, die sich in ihrer eigenen Stadt, vor ihrer eigenen Haustür ausbreiteten, romantisieren, ignorieren, gar vehement leugnen. Dafür war die List des Vernünftelns erforderlich. In Europa wurde moralisiert und entpolitisiert. Soziales Leiden, Marginalität und politischer Dissens wurden auf fehlende bürgerliche Werte zurückgeführt. Es wurden Abstinenzlervereine gegründet, Homosexuelle kastriert und Stempeluhren aufgestellt. In den Vereinigten Staaten konnte wiederum die Sklaverei dadurch legitimiert werden, dass sie seit der Antike einen Menschenbegriff vorausgesetzt habe, dem die afroamerikanische *Bevölkerung* (es waren eben keine Bürger) niemals gerecht werden könne. Dass ein Sklave sogar von dem Pferd, auf dem er ritt, vom Hund, den er streichelte, als Mensch anerkannt wurde, reichte partout nicht aus, um ihm den Dreiklang von *whipping, branding* und *hanging* zu ersparen.[18] Pervers, aber wahr. So waren die Bürger. Sie konnten selten Sklavenhalter sein, ohne auch ein wenig Verfassungsrechtler und Altphilologen zu sein, und vice versa. Auch später noch konnte sich das Bürgertum einiges an Humanitäts-, Einsichts- und Schuldabwehr leisten, sich darin sogar selbst übertreffen. Routiniert wurde ungeschehen und -gewusst gemacht.

Heute ist das nicht mehr möglich. Uneinsichtigkeit ist offiziell diskreditiert. Man hat – völlig zu Recht – in Sack und Asche zu gehen. Gleichzeitig haben aber viele der neuen Verbrechen, in die sich das Bürgertum Einsicht verschafft hat, an Substanz, an Glaubwürdigkeit, schlicht an Realität verloren, und zwar für das Bürgertum selbst. Es scheint, als schließen sich die Erkennbarkeit und die Nachdrücklichkeit der politischen Realität gegenseitig aus. Man ist hin- und hergerissen. Man wägt dann die Bedingungen ab, unter welchen die Errichtung eines Elektrozauns um Europa mit *unsren Werten* vielleicht doch vereinbar wäre; man träumt von Käfigen, dann träumt man von Kultur, dann wieder von Käfigen. Zwar wird die Abschaffung der Not als Ziel erkannt, doch werden die notwendigen Konsequenzen nicht gezogen. Wie ist diese Lähmung entstanden?

Auffällig ist vor allem, dass wahrlich *jeder* Bürger eine Theorie dazu hat, sich also Theoriebildung zutraut. Einmal sind es die irdischen Leidenschaften (für Frankophile: die *attachements passionnels*), die Menschen daran hindern, das Notwendige auf das Erkannte folgen zu lassen. Einmal wird beklagt, die anderen – die Mitbürger – seien zur kollektiven Handlung nicht zu bewegen. Das Theoretisieren-Können der eigenen historischen Passivität, die Abstraktion eines Weltbildes aus der Welt der ungeschehenen Geschehnisse, die »Phantomisierung«[19] des politischen Realen gehören somit dem gegenwärtigen Selbstverständnis des Bürgertums selbst an. Doch das Verdrängte, das Ungeschehen-Gemachte hat immer das letzte Wort, mag das Bürgertum auch in Zukunft noch so viele Mauerfälle in der Sauna verschlafen, noch so oft »den Leuten« hinterherhumpeln.

Mir geht es in diesem Buch darum, diese Widersprüche zu verstehen, ohne sie durch den Fleischwolf der scholastischen Rationalisierung zu jagen. Ich versuche zu erklären – mir selbst zu erklären –, warum in der jüngeren Gegenwart trotz konstanter Heraufbeschwörung kein bürgerlich-revolutionäres Subjekt entstanden ist. Dem kommenden Umbruch wird nachgesagt, er sei so nah, dass man ihn fast riechen könne; nicht mehr verständlich sei nur, dass dieser Umbruch nicht stattfindet.[20]

Den Surrealisten ist einst diese Vollstreckung gelungen, mit teils katastrophalen, teils prophetischen Konsequenzen.

Auf den folgenden Seiten argumentiere ich, dass die Kritik des Bürgertums, die die Surrealisten zum Kern ihres Projekts erklärten, für ihre politische Radikalisierung entscheidend gewesen ist. Dabei greifen sie mit der Kritik der *bürgerlichen Heuchelei* auf eine klassische Figur der politischen Philosophie zurück, die sie noch radikaler fassen, als ihre Vorgänger – die Jakobiner, Hegel, Baudelaire – es jemals vermochten. Aus der Kritik *dissoziativer Bewusstseinsstrukturen* konzipieren die Surrealisten eine *Politik der minimalen Ansprüche,* die das Bürgertum an sich selbst zwingend stellen soll: Falls das Bürgertum diesen minimalen Redlichkeits- und Folgerichtigkeitsansprüchen nicht gerecht werden sollte, so gehörte es abgeschafft. Zugleich vertreten die Surrealisten, dass *politische Möglichkeiten* und ein *nichttriviales Realitätsverständnis* die höchsten revolutionären Güter bilden: Das Bürgertum wird nicht in dem Moment revolutionär, in dem es sich das Ende des Kapitalismus vorzustellen lernt, sondern überhaupt das Ende der Welt.

Dies ist schließlich ein Buch über einen historischen Präzedenzfall. Bürgerliche Revolten gegen das Bürgertum sind *Enthemmungsmomente,* deren Preis schließlich die Gesellschaft zahlen muss. Die surrealistische Bürgerlichkeitskritik und ihre Kritik des bürgerlichen Realitätsverständnisses waren dabei nicht lediglich Pose; auch waren sie kein Artefakt, das im Fegefeuer der Kunstgeschichte verweilen muss. Bürgerlichkeitskritik war der wesentliche Leitgedanke einer der wichtigsten *bürgerlichen* Bewegungen des 20. Jahrhunderts. 2024 wird der Surrealismus hundert Jahre alt. Das Bürgertum wird ihn feiern.

2.

Rekapitulation: Kurzer systematischer Abriss einer Insurrektion

»aber wie kann ich tugendhaft sein, wenn ich nicht bin,
wie ein gutes Gewissen haben, wenn ich nichts weiß?«[21]

Karl Marx, *Ökonomisch-philosophische Manuskripte*, 1844

Ich gehe hier, wie auch im weiteren Verlauf meiner Argumentation, ohne allzu regen Austausch mit der Surrealismusforschung vor. Das, was unbedingt belegt werden sollte, ist in der einschlägigen Literatur hundert Mal belegt worden. Ich skizziere hier lediglich eine Interpretationshypothese, die je nach Antizipationshaltung sowohl im Namen der kulturgeschichtlichen Wahrheit verworfen als auch im Namen der von ihr aufgezeigten politischen Möglichkeiten geduldet werden kann. Meine Argumentation verlangt der Leserin ab, weitgehend aufs Wort geglaubt zu werden. Ich lasse den ganzen avantgardistischen Kitsch beiseite; keine weichen Uhren, keine franko-hispano-russischen Liebestriangel. Dafür rezipiere ich einen politischen Surrealismus – einen interessanten, obszönen, heimlich prägenden Surrealismus –, dessen Hauptquellen noch nicht einmal ins Deutsche übersetzt worden sind. Glücklich die deutsche Leserin, die diese schönen, skrupellosen Texte noch nicht kennt! Ich schicke, hier wie überall, Thesen voraus, die erst einige Seiten, manchmal einige Kapitel später mit historischem Material unterfüttert werden. Surrealistische Grundbegriffe wie »Bürgertum«, »Kapitalismus« und »Demokratie« werden samt ihrer Bestimmungsdefizite, das heißt samt ihrer sozialen Wahrheit als windige Lexeme verwendet; für die Surrealisten wie auch für ihre Opponenten ist diese Windigkeit funktionsrelevant. Sie macht manche Peinlichkeiten, manche analytischen und strategischen Schwächen wett. In den abschließenden Kapiteln werden diese Begriffe allerdings eingehegt, und zwar rein instrumentell. Es geht mir schließlich darum, die praktischen Zwecke und Kosten dieser Interpretationshypothese zu explizieren.

a) Dialektisch

»Ich könnte auf der 5th Avenue stehen und jemanden erschießen und würde trotzdem keine Wähler verlieren.«[22]

Donald Trump, Wahlkampfveranstaltung in Iowa, 2016

Heute gehören solche Sätze zum gnadenlosen Horizont jener liberalen, demokratischen, kapitalistischen Gesellschaften, die so gut wie jede Wehrhaftigkeit eingebüßt haben. Damit gewinnt man heute Wahlen. Vor hundert Jahren war dieses *kill-and-win*-Szenario wiederum die verruchteste Leitmaxime des Pariser Surrealismus: »Die einfachste surrealistische Handlung besteht darin, mit Revolvern in den Fäusten auf die Straße zu gehen und blindlings soviel wie möglich in die Menge zu schießen.«[23]

Seit den 1970er Jahren gehört es zum guten ideengeschichtlichen Ton, solche paroxystischen Sätze aus dem *Zweiten Manifest des Surrealismus* (1930) blindlings zu überbieten: entweder aus Empörung, wie Karl-Heinz Bohrer, der die Surrealisten des »Bürgerhasses« und des »Terrors«[24] bezichtigte, oder aus koketter Gleichgültigkeit, wie der Situationist Raoul Vaneigem, der hier die Surrealisten umgekehrt der »Bürgerlichkeit« und des »Reformismus«[25] verdächtigte. Etwas dialektischer formuliert, gegen solche scholastischen Symmetrien, und im Namen des ausgeschlossenen Dritten: Die Surrealisten entwerfen einen *bürgerlichen Bürgerhass*, der sich gegen den gerne suggerierten *reformistischen Terror* der politischen Moderne und jenen ihrer künftigen Nachfahren richtete, die nun unsere Gegenwart vorgeblich bilden.

Scheinbar antithetische, von der Ideengeschichte verworfene, kraft der politischen Fantasie wiedergewonnene Konstruktionen wie *bürgerlicher Bürgerhass* und *reformistischer Terror* sind weder weiße Schimmel noch schwarze – weder Pleonasmen noch Oxymora. Bürgerlichkeit impliziert weder zwingend Bürgerhass (obwohl Bürgerhass zur bürgerlichen Folklore gehört), noch schließt Bürgerlichkeit prinzipiell jede Selbstanklage aus (obwohl das Bürgertum dabei in der Regel selbst paroxystisch, das heißt selbstschonend vorgeht; neuerdings wird neben maximalistischen Begriffen wie »Bürgertum« und »Kapitalismus« nun hochtrabend das »Anthropozän«, also der *anthropos* im Allgemeinen gerügt und nicht nur jene pathologisch industrie- und konsumfreundlichen *anthropoi*, die empirisch betrachtet den Löwenanteil dieser ökologischen Sauerei verschuldet haben: Bei der Schuldzuweisung geizt das Bürgertum niemals rum, ist in der Regel sogar erst dort richtig *selbstlos*). Andererseits impliziert Reformismus weder zwingend Terror (obwohl deindustrialisierte Demokratien nicht mehr ohne militarisierte Sicherheitsdienste auskommen), noch schließt Reformismus prinzipiell jeden Terror aus.

Bürgerlicher Bürgerhass und *reformistischer Terror* sind

dialektische Figuren und theoretische Fiktionen, die uns vor der Lähmung bewahren, die uns angesichts übertroffener Erwartungen heimsucht. Ausschlaggebend ist nämlich, dass der Surrealismus historisch prägend gewesen ist und den Augenblick seiner Verwirklichung *nicht* versäumt hat. Das, was Breton, Aragon, Éluard, Max Ernst einst als radikale Kritik der politischen Moderne entwarfen, ist längst von der politischen Moderne inkorporiert worden, genau wie es die Pariser Kerngruppe selbst verlangte: »die halluzinatorische Macht« der surrealistischen Schöpfungen sollte künftig jenen »handfesten Charakter annehmen, der die Grenzen der sogenannten Wirklichkeit verrückt«.[26] Profaner: Das, was einst »automatisches Schreiben« und Emanzipation war, ist heute zu *brainstorming* und Disziplinierung verkommen, wie Guy Debord in der ersten Ausgabe der *Internationale Situationniste* bemerkte. Auch ist es schwer – sicher schwerer, als für andere intellektuelle und künstlerische Bewegungen des 20. Jahrhunderts –, überhaupt ein *wahres Bild* des Surrealismus zu zeichnen und der Geschichte einer Bewegung gerecht zu werden, die ebenso sehr aus programmatischem Denken und theoretischen Armierungen bestand wie aus bloßen Verirrungen, Aspirationen, Attitüden und praktischen Experimenten.[27] Konstruktionen wie *bürgerlicher Bürgerhass* und *reformistischer Terror* sind historisch schwach begründet, aber theoretisch notwendig, um dem Surrealismus überhaupt noch das abzugewinnen, was nicht schon längst in unserer liberal-demokratischen Realität assimiliert worden ist – weil es nicht assimiliert werden konnte. Walter Benjamin, Kristin Ross, Cornelius Castoriadis und einige andere sehen das mit dem für ihre Epochen jeweils typischen Gemisch aus Leichtfertigkeit und Radikalität: Vergangenes zu verstehen und für eine Gegenwart aufzuzeigen heißt, »sich einer Erinnerung bemächtigen, wie sie im Augenblick einer Gefahr aufblitzt«. Wenn die Geschichte uns darüber belehrt, dass der surrealistische Ausnahmezustand nun die Regel geworden ist, dann wird uns »als unsere Aufgabe die Herbeiführung des *wirklichen* Ausnahmezustandes vor Augen stehen«.[28]

b) Historisch

»Wer nicht wenigstens einmal im Leben Lust gehabt hat, auf diese Weise mit dem derzeitigen kleinen System der Erniedrigung und Verdummung aufzuräumen, der gehört eindeutig selbst in diese Menge, mit dem Bauch in Schusshöhe.«[29]

André Breton, *Zweites Manifest des Surrealismus*, 1930

Die Bedeutung des Surrealismus als Drehscheibe der Moderne ist unterdessen nie unterschätzt worden – *Drehscheibe*: Kreuzungspunkt und Selektionsmaschine zugleich. Kreuzungspunkt, weil zwischen 1919 und 1969, zwischen den ersten »automatischen« Texten und den letzten Flugblättern gegen den französischen Kolonialismus der Surrealismus die gesamte westliche Moderne streift, von Dada bis Asger Jorn. Selektionsmaschine, weil der Surrealismus sich anmaßt, über diese westliche Moderne zu *urteilen*. Die Reichweite und Virulenz der Bewegung bringen evidente definitorische Probleme mit sich sowie die Gelegenheit, einige Grundlinien des Surrealismus kursorisch aufzuzeigen.

Die zehn, zwölf Figuren im Kern des Pariser Surrealismus erleben den Ersten Weltkrieg als gutbetuchte, gut ausgebildete, aussichtsreiche junge Männer. Breton hat ein Medizinstudium begonnen und wird als Soldat einem Krankenhaus in Nantes zugewiesen. Philippe Soupault, Neffe des vermögenden Automobilindustriellen Fernand Renault, besteht vor dem Fronteinsatz noch sein Abitur, Leistungsfächer *Römisches Recht* und *Seerecht*. Paul Éluard ist erst Sanatoriumspatient in Davos, dann Sanitäter an der Front. Louis Aragon ist der uneheliche Sohn eines ehemaligen Pariser Polizeipräsidenten. Francis Picabia stammt aus einer adligen kubanischen Familie. Die Surrealisten sind Bürger.[30] Die Schlusszeilen des *Manifests der Kommunistischen Partei* betonen 1848 noch, die Proletarier hätten in einer kommunistischen Revolution nichts zu verlieren »als ihre Ketten. Sie haben eine Welt zu gewinnen.«[31] Für die Surrealisten – wie einst für Marx selbst – war es 1924 andersherum: eine Welt zu verlieren, Ketten zu gewinnen. Sie waren zumindest bereit, sich selbst als Klassengebilde zu schaden.

Diese Herkunft begründet soziale Erwartungshaltungen, die – so verlangen es sowohl die Arbeitsteilung der III. Republik als auch ihre Soziologie – prinzipiell befriedigt sein wollen. Der 1924 noch unangefochtene Pakt zwischen Bürgertum und Gesellschaft verheißt jedem Bürger, der nicht mehr von seinem Vermögen lebt, wie es noch der bourgeoise Typus des 19. Jahrhunderts konnte (siehe Thomas Mann, Henry James, Gustave Flaubert), sondern nun von seiner Arbeit leben muss (siehe den Banker T. S. Eliot, den Kolonialpolizisten George Orwell), eine Reihe an sekundären Entschädigungen. Hier wird der Bürger mit einer etwas freieren Verfügung über seine Arbeitszeit und die Gewährung einer täglichen Zeitspanne entschädigt, die nominell der kontemplativen Betätigung und dem *otium* gewidmet ist (in etwa Ciceros *otium cum dignitate*, das heißt die würdevolle Muße des Bürgers, der abends seinen Karl

Ove Knausgård oder neuerdings seinen gerade entdeckten James Baldwin durchblättert – das gute Leben[32]); dort erhält der Bürger einen Lohnüberschuss, der seine soziale Stellung materiell ermöglicht. Schließlich führen Lohn- und Zeitüberschuss zu einem gut definierbaren, gut erträglichen bürgerlichen Lebensstil. Der Pakt sichert die Loyalität und, wichtiger noch, politische Berechenbarkeit dieser stets wachsenden Klasse.[33]

An diesen sekundären Entschädigungen (*otium* und Lohnüberschuss) lässt sich auch eine spezifische Relevanz des Surrealismus für die Gegenwart historisch demonstrieren. Damals wie heute war dieser Pakt dem Bürgertum exklusiv vorbehalten, nicht aber in jener dazwischenliegenden Periode zwischen circa 1950 und 1970, die sowohl für die Konsolidierung des gelehrten Diskurses über den Surrealismus als auch für die Konsolidierung eines weiten, inklusiveren Bürgerlichkeitsbegriffs ausschlaggebend gewesen ist. Ab dem Nachkriegsaufschwung und bis zu den Rezessionen Ende der 1960er Jahre schien es nämlich für manch einen realistisch, dass diese sekundären Entschädigungen künftig sowohl klassenübergreifend verteilt als auch von ihrer Funktion als politische Stabilisationsmechanismen abgekoppelt werden könnten. Dementsprechend, im Angesicht rosiger Aussichten, konnte Jürgen Habermas 1968 beteuern: »Die Stabilisierung des staatlich geregelten kapitalistischen Gesellschaftssystems hängt davon ab, daß die Loyalität der Massen an sozialen Entschädigungen der unpolitischen Form (von Einkommen und arbeitsfreier Zeit) festgemacht wird [...].«[34] Doch 1924 wie in der jüngeren Gegenwart, anders als in der Blütezeit des posthitler'schen Aufschwungs ab circa 1950, galten diese Entschädigungen nicht der »Masse«, sondern dem Bürgertum. Sie fungierten nicht, wie wir sehen werden, als *unpolitische* Entschädigungen, sondern als essenzielle Stabilisationsmechanismen, die sowohl die Dauerhaftigkeit der politisch-ökonomischen Ordnung garantierten als auch ihre behutsame Infragestellung durch das Bürgertum ermöglichten. Damals wie heute – aber nicht während des sogenannten Wirtschaftswunders – band dieser Pakt eine spezifische Klasse, das Bürgertum, an ein spezifisches Gesellschaftssystem, den »Kapitalismus« (Habermas).

Bürgerlich ist man im Übrigen nie allein. In der Prähistorie der Bewegung, zwischen 1917 und 1924, sind die angehenden Surrealisten ultrasozialisiert. Durch Guillaume Apollinaire lernt André Breton 1917 Philippe Soupault kennen. Beiläufig schenkt Apollinaire der aufkommenden Bewegung auch ihren Namen: »*sur-réalisme*«, ein *esprit nouveau,* der »die Künste und die Sitten von Grund auf verändern soll«.[35] Apollinaire führt aus: »Als der Mensch das Gehen nachahmen wollte, erfand er das Rad, das einem Bein nicht ähnelt. Er machte Surrealismus, ohne es zu wissen.«[36] 1920 veröffentlichen Breton und Soupault *Die magnetischen Felder,* die ersten Eruptionen des »automatischen Schreibens«, der unzensierten, assoziativen Federführung anstatt der verhassten »Literatur«. Sie lesen Freud, Poe, Hegel, Sade, Rimbaud. Sie nähern sich Tristan Tzara und den Pariser Dadaisten, bis die Surrealisten um 1921 die pure Negationskraft Dadas um ein artikuliertes revolutionäres Programm zu ergänzen beginnen. Breton veröffentlicht drei *Manifeste des Surrealismus.* Im ersten (1924) ruft er die Herrschaft der Imagination und des Traums über die Realität aus; im zweiten (1930) fordert er konkretes politisches Engagement, lehnt aber den Anschluss des Surrealismus an die Kommunistische Partei Frankreichs ab; im dritten, letzten und sprödesten Manifest (1942) spekuliert er über die Zukunft bzw. Zukunftslosigkeit der Bewegung. Breton wendet sich im Namen der magnetischen Anziehungen seiner Anfänge schließlich von jeglicher künftigen Programmatik ab: »Ohne Zweifel ist zuviel *Norden* in mir, als daß ich jemals ein Mann der uneingeschränkten Zustimmung sein könnte.«[37]

Zwischenzeitlich hat sich der Surrealismus internationalisiert und diversifiziert. Man Ray, René Magritte, Max Ernst, Salvador Dalí, Hans Bellmer, Luis Buñuel, Aimé Césaire, David Gascoyne, Giorgio de Chirico, Antonin Artaud, Arshile Gorky, Willem de Kooning, Claude Cahun, Joan Miró und Georges Bataille sind Mitglieder, Weggefährten, Feinde oder Förderer der surrealistischen »Traumwelle«[38], die über der Moderne heranbricht. Auch schärft sich die Urteilskraft der Surrealisten. Sie exkommunizieren Gründungsmitglieder, führen Schauprozesse gegen die intellektuelle Bourgeoisie Frankreichs, demontieren nachträglich ihre eigene intellektuelle Tradition und Vorfahren, allen voran Edgar Allan Poe, »der in Zeitschriften der Polizei heute mit Recht zum *Meister der Kriminologen* erklärt wird. [...] Spucken wir, en passant, auf Edgar Poe.«[39] Diverse Ausstellungen finden statt. Dalí zeigt *Der große Masturbator*, Marchel Duchamp seinen *Flaschentrockner*.

Die gegenseitigen Annäherungs- und Distanzierungsversuche der Kommunistischen Partei Frankreichs und des Surrealismus bilden einen vollends ausgetretenen Pfad durch die politische Geschichte der Avantgarden des frühen 20. Jahrhunderts. Zu impulsiv und zu undiszipliniert, um ihr »fundamentales Streben nach Fanatismus«[40] auf die *Internationale* einzustimmen, schwanken die Surrealisten zwischen der schwarz-roten Flagge des Anarchosyndikalismus und der roten Fahne des frühen stalinistischen Kommunismus. Ersteren beschuldigen sie eines latenten, »platonischen« Humanismus: Dem anarchistischen

»Prinzip der freien Diskussion« zufolge würden die Surrealisten »skandalöserweise einem Priester zuhören müssen«.[41] Auf die Forderung der Kommunistischen Partei, die Gruppe möge sich vollends der politischen Revolution hingeben und jeder »idealistischen« Revolution des Geistes abschwören, lassen sich ab 1930 wiederum Louis Aragon und Georges Sadoul ein, die endgültig aus der Gruppe ausgeschlossen werden. Mit Leo Trotzki, den Breton 1938 in Mexiko besucht, formulieren die Surrealisten eine Antwort auf den Sozialistischen Realismus, dieses »Mittel zur moralischen Vernichtung«. Das Manifest *Für eine freie revolutionäre Kunst* unterstreicht, dass eine »vollständige und radikale Umgestaltung der Gesellschaft« nur dann erfolgen kann, wenn die Kunst auf der Grundlage einer radikalen, staatlich garantierten Autonomie auch noch den revolutionärsten Staat angreifen darf. Die Revolution muss »von Anfang an für das künstlerische Schaffen ein anarchistisches Regime persönlicher Freiheit errichten und garantieren. Keine Autorität, kein Zwang, nicht die Spur einer Weisung!«[42]

Die letzten Kämpfe des Surrealismus sind isolierter, unsicherer. Nach einer Periode im Dienst der *droits de l'homme* und des Antikolonialismus, nach Mobilisierungen gegen den Maréchal Pétain und, bald darauf, den Général de Gaulle münden die allerletzten Texte des Surrealismus in praktisch stillschweigende Versuche, demokratische Politik zu radikalisieren. Das teilen sie mit den prominentesten Weggefährten des französischen Trotzkismus, allen voran der Gruppe *Socialisme ou Barbarie*, und viel später mit jenen abgetakelten Ex-Maoisten, die diese radikalen Demokratiekonzepte bald neoliberalisieren sollten, dies sowohl in Frankreich als auch in Deutschland.[43] Wo diese Ex-Linke aber in ihrer ersten, ultraradikalen Phase die Surrealisten als bürgerliche Scheinrevolutionäre angegriffen hatten, denunzieren sie aus ihrer konvertiert-konservativen Spätperspektive die Surrealisten nun als unbelehrbare, bürgerfeindliche Extremisten.[44] Auch heute ist dieser Typus geläufig. Zwar soll man mit Verachtung sparsam umgehen, vor allem angesichts der Zahl der Bedürftigen, wie Chateaubriand einst in *Erinnerungen von jenseits des Grabes* schrieb. Doch das politische Spektrum ist vielleicht so gesättigt wie nie mit jenem Schlag künftiger Ex-Maoisten, die »die Bürgersteigseite wechseln werden, nicht aber den Beruf«.[45] Viele der verwegensten Stimmen von heute, die auf Parforcejagd gegen allerlei symbolische Zuwiderhandlungen gehen, sind die Radikalkonservativen von morgen. Top, die Wette gilt! Das ist so sicher wie der Tod (siehe auch Kapitel 5).

Im Unterschied zu denen, die mit Lossagungen und Verleugnungen immer alles zu gewinnen haben werden, stehen die Surrealisten und ihre Weggefährten zwischen 1924 und dem Tod Bretons 1966 für die Geschichte mit ihrem Leib ein, von wenigen Ausnahmen abgesehen: Gefängnisstrafen (Breton, Sadoul), Hausarrest (Éluard), Internierung (Artaud, Ernst, Bellmer), Exil (Breton, Dalí, Buñuel), Selbstmord (Crevel, Rigaut, Vaché, Gorky, Paalen), Strafverfolgung wegen Aufruf zum Mord (Aragon).

Max Jacob wird im Sammellager Drancy ermordet. Robert Desnos wird nach Auschwitz deportiert, wo er tätowiert wird, dann nach Buchenwald, Flossenbürg, Flöha und Theresienstadt, wo er letzte Gedichte schreibt und ermordet wird.

c) Dogmatisch

SURREALISMUS, Subst., m. – Reiner psychischer Automatismus, durch den man entweder mündlich oder schriftlich oder auf jede andere Weise sich vornimmt, die wirkliche Funktionsweise des Denkens auszudrücken. Denk-Diktat jenseits jeglicher Kontrolle durch die Vernunft und jenseits jeglicher ästhetischen oder ethischen Sorge.

ENZYKLOPÄDIE. *Philosophie.* Der Surrealismus beruht auf dem Glauben an die höhere Wirklichkeit gewisser, bis dahin vernachlässigter Assoziationsformen, an die Allmacht des Traumes, an das zweckfreie Spiel des Denkens. Er zielt auf die endgültige Zerstörung aller anderen psychischen Mechanismen und will sich zur Lösung der hauptsächlichen Lebensprobleme an ihre Stelle setzen.[46]

André Breton, *Erstes Manifest des Surrealismus*, 1924

Bürgerfeindlich ist der Surrealismus zunächst in seiner Unterwanderung der bürgerlichen Theodizee, das heißt in der Negation der bürgerlichen Geschichtsphilosophie. Max Weber hatte ihre Umrisse 1922 skizziert, kaum zwei Jahre vor Erscheinen des *Ersten Manifest des Surrealismus*: Das Glück des Bürgertums will nicht nur wachsen, es will dabei legitim sein und in seinem Verhältnis zum historisch wachsenden Unglück anderer Schichten auch legitim bleiben. Das Bürgertum beansprucht für sich ein *Recht* auf Glück, welches fortan vom Gelingen diverser Immunisierungsstrategien gegen Kritik und Selbstkritik abhängt. Es bedarf der symbolischen Verklärung, um die ungeheure Steigerung seiner Macht seit Anfang des 19. Jahrhunderts mit »der Tatsache der Unvollkommenheit der Welt« (Max Weber) versöhnen zu können.[47]

Dafür bemüht das Bürgertum eine Riege an klassischen geschichtsphilosophischen Figuren. Insbesondere kaschiert es die Differenz zwischen seinem Anspruch auf legitime Herrschaft und der sozialen Wirklichkeit dadurch, dass es auf einen diesseitigen bzw. jenseitigen Ausgleich für das Leiden anderer hinweist: Bürgerlich-fortschrittliche Geschichtsphilosophie ist *reformistisch* und somit *messianisch.*[48] Die studierte Klasse unserer Tage kennt solche Vertagungen noch bzw. immer noch aus der Theorie der 1970er Jahre. Bald schwätzen sie die poststrukturalistische *différance* nach, um sozioökonomische Differenzen schönzureden, bald berufen sie sich auf die philosophisch-hermeneutische »Unabschließbarkeit« jeglicher Interpretation, um zu attestieren, dass sie zum Zirkel jener Interpreten gehören, die der sozialgeschichtlichen Vertagung ohnehin wesensverwandt sind – ohne je zu fragen, auf wessen Kosten solche messianischen Vertagungen sozialgeschichtlich gehen.

Die Surrealisten stellen teils explizite, teils informelle Verhaltensregeln auf, um bürgerlichen Theodizeen auszuweichen. Sie haben überhaupt einen Weg zur Praxis gefunden und folgen basalen, alltäglichen Praktiken der antibürgerlichen Selbstverunreinigung: Wie die *Gespräche der Surrealisten über Sexualität* protokollieren, sind sie begeisterte Onanisten, die sich auch im politischen Sinne der *heinous sin of self-pollution* hingeben.[49] Eine analytische Darstellung dieser meist selbstwidersprüchlichen Regeln und Praktiken ist aussichtlos. Hier ist es der Wald, der sich in Hänsel und Gretel verläuft. Im Folgenden zeige ich das alles, wie ich es in den Quellen finde, und führe einige anekdotische Kritiken und Anmerkungen in Klammern an.

Die *Zukunftsverweigerung* der Surrealisten zielt auf die doppelte Negation der Literatur und der Utopie. Weder wird ein »Werk« geschaffen noch auf künftige Erlösungsnarrative verwiesen. Literatur und Utopie sind ohnehin seit Charles Dickens und Victor Hugo kopräsent. Bei Hugo sind die Bischöfe derart christlich und ihre Sakramente derart versöhnlich, dass sie nicht mehr Wein in Blut, sondern Sträflinge in Sozialisten verwandeln (*Die Elenden*, Buch II, Kapitel 12). Bei Dickens bitten Sozialsadistinnen wie Miss Havisham nicht nur um Vergebung für die Qualen, die sie Waisenkindern zugefügt haben, sondern erhalten sie auch, und zwar von diesen Waisenkindern selbst; man findet schließlich gemeinsam heraus, dass der Weg zum künftigen sozialen Frieden auch der Weg zur großen Literatur ist (*Große Erwartungen*, Kapitel 49). Solche Metamorphosen werden jedoch im echten Leben, vom echten Leben strikt verneint. Die Kopplung von Utopie und Poesie gelingt nur dann, wenn sie auf Kosten jeder Wahrscheinlichkeit und jeder Wahrhaftigkeit geht. Man erzählt sich Geschichtchen. Literatur und Utopie sind somit *als Lügen* – schlimmer noch: *als Dämlichkeiten* – in die bürgerliche Geschichtsphilosophie inkorporiert worden, also gehören sie abgeschafft. »Hugo ist surrealistisch, wenn er nicht dumm ist«, resümiert das *Erste Manifest*.[50]

Die *Gehorsamsverweigerung* wird zum »absoluten« Prinzip erhoben.[51] Alle Gebots- und Verbotsinstanzen der sozialisierten Existenz werden abgelehnt. Die surrealistische Traumwelle wird zeitgleich gegen den »Polizisten«, das »*Ancien Regime* des Geistes«[52] und den »Anwalt des Strebens«[53] (das Über-Ich) ausgelöst. (Sigmund Freud gewährt Breton 1921 eine Audienz in der Wiener Berggasse, Dalí empfängt er erst 1938. Daraufhin schreibt er Stefan Zweig: »Bis dahin war ich geneigt, die Surrealisten, die mich scheinbar zum Schutzpatron gewählt haben, für absolute (sagen wir 95 % wie beim Alkohol) Narren zu halten. Der junge Spanier, mit seinen treuherzig-fanatischen Augen und seiner unleugbaren technischen Meisterschaft, hat mir eine andere Schätzung nahegelegt [...]. Aber jedenfalls ernsthafte psycholog. Probleme.«[54])

Die *Integrationsverweigerung*, allen Sirenengesängen der »wohlgesinnten linksbürgerlichen Intelligenz«[55] (Benjamin) zum Trotz, wird zum Kardinalgebot erklärt. Preise, Stellen, Stipendien, Akademiemitgliedschaften werden kategorisch abgelehnt, *summa cum laude*, gar *magna* sind inkriminierend genug, das Streben nach öffentlicher Anerkennung des eigenen Schaffens als »Literatur« vehement bekämpft: »davor muss man unbedingt fliehen«.[56] (So lädiert der Surrealismus aber die höchst ambivalente, hart erkämpfte Grundlage, auf der *entlohnte Bürger* nach der Dreyfus-Affäre eine Karriere als Intellektuelle, Künstler oder Gelehrte finanzieren und den Beruf des Literaten auf Grundlage einer stets relativen, stets kompromittierten und kompromittierenden Autonomie ausüben konnten. Das linke Kind mit dem linksbürgerlichen Bade ausschüttend, restaurieren die Surrealisten effektiv den Typus des dichtenden Privatiers – Thomas Mann, Henry James, Marcel Proust, Gustave Flaubert – als implizite Norm moderner Intellektualität.)

Ein generelles *Kapitalisierungsverbot* wird ausgesprochen. Das Bürgertum pflegt ab Ende des 19. Jahrhunderts ausschließlich jene Künstler zu begnadigen, die es zu Lebzeiten in den Salon der Refüsierten verwies. Ehemalige Feinde werden in günstigerem Licht »wiederentdeckt«. Schon ein Jahr nach seinem Tod 1883 wird der bis dahin geächtete Manet zum offiziellen Porträtisten bürgerlicher Befindlichkeiten – *Portrait der Eltern, Musik im Tuileriengarten, Verspottung Christi*. Die Surrealisten wissen, dass Marginalität seit der Jahrhundertwende zum integralen Bestandteil des bürgerlichen Selbstverständnisses geworden ist. Sie vermeiden demnach nicht nur kapitalträchtige

Staatsbürokratien (offizielle Salons, Künstler- und Intellektuellenposten), sondern auch ihre kapitalversprechenden Gegenstücke (die literarische Boheme, die gediegenen und ungenauen Provokationen des Dandyismus sowie jene Lust zur leiblichen oder schöngeistigen Libertinage, die das Bürgertum mit der Aristokratie immer schon geteilt hat). Stattdessen bewegen sie sich über die Grenze des Begnadigungs- und Vereinnahmungsfähigen hinaus. Ihre Handlungen müssen möglichst strafrechtlich geahndet werden können. Sie lehnen *Marginalität* zugunsten der *Externalität* ab und beanspruchen eine Position, aus der heraus die Vereinnahmungsstrategien des Bürgertums objektiviert werden können. Das ist alles ein wenig salopp gedacht, denn Externalität beansprucht man nicht einfach so. Im Unterschied zu heutigen RTL- und Arte-Punkern sind sich die Surrealisten dessen aber bewusst. (Die Surrealisten teilen den christlichen Imperativ* einer bedingungslosen, eschatologischen Zäsur: »Verlassen Sie alles./Verlassen Sie Dada./Verlassen Sie Ihre Frau, verlassen Sie Ihre Mätresse./Verlassen Sie Ihre Hoffnungen und Ängste./Setzen Sie Ihre Kinder im Wald aus.«[57] Sie teilen jedoch nicht die christliche Untugend, Reuige mehr als Unschuldige zu lieben. Darin stehen sie, ausgerechnet als reuige Bürger, in permanenter Selbstanklage: Sie sind nicht *rein* und wissen es.)

Die *Verdächtigung der Kritik* als effektives Instrument politischer Beteiligung wird aus den gleichen Gründen propagiert. Kritik wird von der bürgerlichen Welt assimi-

* Matthäus 19,29: »Und jeder, der um meines Namens willen Häuser oder Brüder, Schwestern, Vater, Mutter, Kinder oder Äcker verlassen hat, wird dafür das Hundertfache erhalten und das ewige Leben gewinnen.«

liert, sobald das Bürgertum auf sie partiell eingehen und im Namen des Gemeinwohls antworten kann. Mehr noch: Das Bürgertum *lernt* von der Kritik, die an ihm geübt wird. Es macht Kompromisse, es bildet reformistische Synthesen. Es würdigt die Gültigkeit einer Kritik dadurch, dass es sie opportunistisch zum Zweck seiner Selbstlegitimation ummünzt (das Bürgertum wird erst dadurch fortschrittlich, dass es diese Fortschrittlichkeit gegen die generelle Kritik wenden kann, die die Legitimität seiner Macht *im Allgemeinen* in Frage stellt), oder dadurch, dass es Kritiken kommodifiziert und vermarktet: Kommodifizierung ist für das Bürgertum die aufrichtigste Würdigung einer Kritik.[58] Der gleiche eigennützige Scheinaltruismus gilt auch für Formen der kollektiven Selbstkritik. Kollektiv-bürgerliche mea culpas sind fast immer unredlich und verfälscht, wie landläufige Anekdoten aus der Jurisprudenz bezeugen. Die immer aufs Neue begründete Verdächtigung der bürgerlichen Kritik und Selbstkritik erklärt im Wesentlichen die relative Theoriearmut des Surrealismus.

Stattdessen verherrlichen die Surrealisten die *Schändung* der explizit humanistischen, implizit katholischen Ideale der Dritten Republik. Schändung, als Antithese zur Kritik, verüben sie in symbolischen Aktionen: rituell wiederholte Priesterbeleidigungen, Proteste gegen Staatsbegräbnisse, Schauprozesse gegen Honoratioren. (Welche Staatsbegräbnisse würden die Surrealisten heute vandalieren? Man müsste an dieser Stelle eigentlich *Namen nennen*, um die neutralisierenden Effekte jeglicher historischen Objektivierung zu veranschaulichen. Nicht nur das historische Objekt »Surrealismus« selbst wird durch historische Entfernung und durch die objektivierenden Gesten der scholastischen Interpretation »derealisiert«, das heißt verharmlost, sondern auch die einst sehr realen, sozialen, moralischen und politischen Urteile, die mittels dieser Schändungen gefällt wurden. Über Surrealismus reflexiv zu schreiben, implizierte gerade eine Neutralisierung der Neutralitätsansprüche, die »axiologisch neutrale« Märkte wie Wissenschaft und wohltemperierte Essayistik an den Textproduzenten stellen.[59])

Die *Tabuisierung der rationalen Moderation der Triebe* wird zum Imperativ erhoben. Soziale Teilhabe, Liebe, Solidarität, Gewalt, kurz: *Schönheit* muss »KONVULSIV« sein, wie die Schlusszeilen von Bretons erstem Roman *Nadja* proklamieren.[60] Dadurch soll die internalisierte Mäßigung zerschlagen werden, die der Kapitalismus dem Bürgertum abverlangt. Denn nicht jede Akkumulation ist für den Bürger legitim, nicht jede Verdingung zulässig. Zum Zeitpunkt, an dem Hugo *Die Elenden* (1862) und Dickens *Große Erwartungen* (1861) veröffentlichen, dürfen ausschließlich jene Kinder in Fabriken arbeiten, die das achte bzw. neunte Lebensjahr erreicht haben (in William Blakes *Songs of Innocence & Experience* steigen 1789 noch Säuglinge zum Putzen in Schornsteine ab). Die Zügelung der Bourgeoisnaturen, die Mäßigung ihrer schimpflichen Appetenz für Akkumulation dienen dem Kapitalismus, indem sie ihn rechtfertigen. Weil der Kapitalismus sich auf normative Beschränkungen bezieht, die ihm extern sind (Sexualmoral, Kinderschutz, Abstinenz usw.), und sich dadurch vom ungezügelten Goldrausch abhebt, kann er immer *auch* als eine Zivilisationsleistung verteidigt werden. Im gleichen Zug bietet der Kapitalismus diesen nun kontrollierten Bourgeoisnaturen die Gelegenheit, ihn im Namen dieser externen normativen Ordnungen zu kritisieren und sich selbst fortan als kritikfähig, das heißt als *mündig* zu betrachten. Hingegen prägt der Spontaneismus der Surrealisten das gesamte Spektrum ihrer Praktiken und Referenzen. Unter den psychischen Erkrankungen präferieren sie den psychotischen Schub, unter den Protestformen den *Ausraster.*

Schließlich zielen automatisches Schreiben und spontanes Kunstschaffen auf die *Auslöschung des bürgerlichen Subjekts* ab bei zeitgleicher *Bekräftigung des historischen Subjekts.* Sie verabschieden einerseits alle Instrumente der bürgerlichen Ich-Bildung: mein Werk, meine Marginalität, mein Ethos, meine Reflexivität, meine kritische Potenz usw. Andererseits bewahren sie das, was diesem bürgerlichen Subjekt sonst stets geopfert werden muss: ein historisches Subjekt, das vor sich selbst und vor den anderen Rechenschaft ablegen kann und dafür vollends in den geschichtlichen Kampf eintritt, ungeachtet dessen, ob dies unter schwarzer, schwarzroter oder roter Flagge geschieht. (Die Surrealisten werden oft als Vordenker jenes »Todes des Subjekts« oder »Todes des Autors« betrachtet, den »spät«-kapitalistische Gesellschaften seit den 1970er Jahren als verbindliche anthropologische Norm aufgerichtet haben. Das stimmt nicht. Zwar proklamieren sie im Einklang mit Lautréamont, Dichtung müsse »von allen und nicht von einem gemacht werden.«[61] Doch mit »allen« meinen sie nicht jene zusammengerotteten Schreibkomitees, die im Namen irgendeines kommenden Aufstands anonyme Fiktionen, Autofiktionen, *non-fiction* publizieren und dies als eine große Befreiung der Entrechteten betrachten. »Alle« heißt in der politischen Grammatik der Surrealisten »niemand Bestimmtes«, was im gleichen Zug das immer auf Bestimmheit und Partikularisierung ausgerichtete Bürgertum aktiv ausschließt; ein Bürger will ja jemand werden und nicht niemand. Auch verabscheuen sie die ganze Bestattungsindustrie, die die Moderne schon 1924 zu Ehren des verstorbenen, lebendig-toten bürgerlichen Subjekts aufbieten konnte. Aragon, Breton und Éluard verachteten Kulturgeschichte und Literaturwissenschaft, diese »fortwährende Befragung der Toten«, als niederträchtigste Form der »Leichenfledderei«.[62])

3.

Realismus™
Eine Logik der Lähmung

»Der ›bürgerliche‹ Intellektuelle, das heißt ein Mensch, der in einer christlichen Welt lebt, aber selber Atheist geworden ist.«[63]

Alexandre Kojève, *Hegel*, 1947

Mit einer einzigen Ausnahme, die gegen Ende des Buches expliziert wird, lehne ich das soziale Imaginäre, das Vokabular, die Virulenz und die politische Strategie des Surrealismus kategorisch ab. Daraus leite ich die Lizenz ab, über ihn bisweilen unkritisch zu schreiben. Stellenweise mache ich mich nicht nur zum Sprachrohr der Surrealisten, sondern auch zu ihrem Brüllaffen. Ich schreibe streckenweise im Modus dessen, was Literaturwissenschaftlerinnen die »freie indirekte Rede« oder »erlebte Rede« nennen; ein episches Stilmittel, das irgendwo zwischen Nacherzählung und Nachäffung, zwischen Kommentar und Imitation steht. Man sehe mir den Eifer bitte nach: Ich will der Leserin die schöne Paradoxie eines einflussreichen Typus radikaler Intellektualität vorführen, der zwar seine etwas weniger radikalen politischen Opponenten oft zufriedenstellend objektivieren kann, doch in seinen eigenen strategischen und normativen Ausrichtungen zu den allerübelsten Kompromittierungen bereit ist. Das Motiv dürfte heute noch vertraut sein.

Zu Beginn meiner kürzlich wiedererwachten Neugier

auf den Surrealismus stand allerdings ein Absatz aus André Bretons *Was ist der Surrealismus?* (1934), der mir zufällig unter die Finger gekommen war:

> In der kapitalistischen Gesellschaft haben die Hypokrisie und der Zynismus heute jedes Maß verloren, werden von Tag zu Tag ungeheuerlicher. [...] Nun aber ist der Faschismus, nach allem, was wir über ihn wissen, nichts als die Offizialisierung dieser Sachlage, die noch maximal verschärft wird durch die dauerhafte Resignation, die man denen abverlangt, die gerade unter ebenjener Sachlage leiden.[64]

Einer älteren, moralisch denkenden, rigoristischen politischen Theorie sind all diese Begriffe vertraut: Zynismus, Hypokrisie, Faschismus, Resignation, die kapitalistische Gesellschaft. Sie gehören zum Basislexikon der Sozialgeschichte. Doch als politische Grammatik bleibt Bretons Argument unklar. Wie genau verhält sich »Hypokrisie« zur »Resignation« und zum »Faschismus«? Gewissermaßen scheint es sogar für unsere politische Gegenwart kennzeichnend zu sein, dass diese Begriffe sich gegenseitig ausschließen und somit Bretons Absatz kryptisch bleiben muss.

Die Begegnung mit hypokritischen gesellschaftlichen Akteuren ist dabei eine Konstante jeder sozialen Erfahrung. Sie schicken beispielsweise ihre Kinder auf Gymnasien, die sowohl »kulturelle Pluralität als Schlüsselkompetenz« anpreisen als auch Schüler mit Migrationshintergrund faktisch ausgrenzen.* Solche Akteure, die effektiv nicht nur

* Unter den Schülern und Schülerinnen des John-Lennon-Gymnasiums in Berlin-Mitte (in der Selbstbeschreibung »leistungs-

sozial segregierte Institutionen sponsoren, sondern diese auch durch ihr Gesinnungsgeplapper affirmativ schönreden, lassen sich mühelos als Hypokriten bezeichnen, das heißt – und hier schicke ich eine sozialgeschichtliche These voraus – als Bürger. Doch gegen Breton sind solche Leute in aller Regel keine Faschisten. Sie wählen progressive Parteien, sie duzen sich, sie kennen ihre Familiengeschichten: Sie sind vorgewarnt.

Die politische Grammatik des Surrealismus, die Heuchelei an Faschismus und Resignation koppelt, umreißt überdies ein vollkommen anderes Problem als das der gerne von der reaktionären Linken unterstellten *Selbstgerechtigkeit* dominanter Schichten. Selbstgerecht sind sie zwar auch, doch Breton misst der Heuchelei einen bedenkenswerten *prognostischen* Stellenwert bei: Heuchelei *macht* etwas mit der Gesellschaft, das bloße Schönrednerei, Gewissensbisse und Selbstgerechtigkeit nicht vermögen. Den Faschismus versteht Breton nicht als bloßen Betriebsunfall des Kapitalismus, sondern als die immer lauernde Konsequenz einer chronisch hypokritischen und chronisch resignierten Gesellschaft. Die Hypokrisie ist demnach der »Augenblick einer Gefahr«: Sie führt die Gesellschaft in jenen faschistischen Abgrund, vor dem sie stets genügend zu mahnen glaubt.

orientiert, engagiert und weltoffen«) haben nur 28,3 Prozent eine nichtdeutsche Herkunftssprache. Eltern und Gymnasialleitung reden emphatisch über Migration und Weltoffenheit, doch die Migrationskinder selbst scheinen nicht zur salbungsvollen Rede geladen worden zu sein: Sie sind nur ein paar Meter weiter im viel ärmeren Diesterweg-Gymnasium abgesondert, wo die Quote spektakuläre 85,9 Prozent beträgt. Für dominante Schichten dürfte es allerdings eine Erleichterung sein, dass diese Daten ab 2022 an Berliner Gymnasien nicht mehr erhoben werden sollen. John-Lennon-Gymnasium, »Was uns ausmacht«, 2022.

Man kennt vielleicht das Bild Magrittes. Eine wohlbetuchte, fortschrittliche Reiterin – sie trägt makellose weiße Handschuhe, sie ist ohne männliche Begleitung – stolziert zu Pferde durch den Wald. Die Komposition von *Le Blanc-Seing* (dt. *Die Blankovollmacht*) ist paradox. Hier sind vordergründige Elemente im Hintergrund versteckt, dort ist es der Hintergrund, der den Vordergrund überdeckt. Die Wirklichkeit ist in sich selbst versteckt. Magritte selbst sagt:

> Sichtbare Dinge können unsichtbar sein. Wenn eine Person zu Pferde durch den Wald reitet, dann sieht man sie zuerst, dann wieder nicht, aber man weiß, dass sie da ist. In *Die Blankovollmacht* verbirgt die Reiterin die Bäume, und die Bäume verbergen sie. Aber unser Denken umfasst sowohl das Sichtbare als auch das Unsichtbare. Und ich benutze die Malerei, um das Denken sichtbar zu machen.[65]

Erneut verläuft sich hier der Wald, diesmal in der Reiterin. Das Bild zeigt Figuren, die für den Betrachter gleichzeitig denkbar sind, einander aber kompositorisch ausschließen.[66] Genauer gesagt wird das erkennbar, was für die elegante Reiterin selbst zwingend unerkannt bleiben *muss*: Zwar schaut sie verträumt, doch immer schön nach vorne. Darin ist sie als Repräsentantin des progressiven Bürgertums vorbildlich.

Denn das Nicht-Wissen, das Nicht-so-genau-wissen-Müssen, das Nur-halb-wissen-Wollen, das Nur-halb-erkennen-Dürfen bildet eine singuläre historische Errungenschaft dominanter Schichten (Günther Anders nennt das ein Wissen »im blassesten und unreellsten Sinne«[67]). Zwar sehen diese Schichten ein, dass etwas faul im Staate Dänemark ist, Pferd und Wald auf befremdliche Art »da« und gleichzeitig »nicht da« sind, überdem dieses Versteckspiel einer diskreten, aber verbindlichen soziopolitischen Logik zu folgen scheint, doch dürfen diese beunruhigenden Einsichten dem Waldritt nicht die Würde rauben.

Auf den folgenden Seiten theoretisiere ich dieses dissoziative Können mithilfe der vulgären, der vielleicht vulgärsten aller analytischen Kategorien, die wie aus den schamhaften Schichten der vormodernen Wissenschaften ausgegraben scheint: die Heuchelei (vom mittelhochdeutschen *hūchen*: »wie ein Hund kriechen«). Alte Wörter wie auch alte Vornamen sind schließlich heute in Mode, nicht zuletzt, weil sie für zunehmend viele soziale Akteure an Verbindlichkeit verloren zu haben scheinen: Heuchelei, Demokratie, Autonomie, Republik, Freiheit, Bürgertum ... Mengt man diese Begriffe den populären Vornamen im Jahr 2024 bei – Matteo, Leonie, Milan, Lilly, Theo, Romy, Emilio, Amalia –, weiß man nicht mehr so recht, ob die politische Philosophie, das Festival della Canzone Italiana di Sanremo oder das *Buch der Makkabäer* den metaphysischen und ästhetischen Geisteshorizont der Gegenwart am treffendsten umreißt.

Für das Halbdunkel von Wissen und Unwissen, aber auch für das Verhältnis von Einsicht und Handlungsunfähigkeit, die die Surrealisten an ihrer Gegenwart diagnostizieren, verwende ich mit der »Heuchelei« einen einfachen, wenngleich historisch völlig überfrachteten Begriff. Im Gegensatz zur sturen Ignoranz impliziert Heuchelei *erstens* die Gewissheit, dass es verlässliches Wissen gibt, das man über Dinge gewinnen könnte, gar vielleicht bereits gewonnen haben mag. Im Gegensatz zum blanken Zynismus impliziert Heuchelei *zweitens* die Überzeugung, dass es sehr wohl ein adäquates, praktisches und wirksames Handeln gäbe, das man aus diesem Wissen ableiten könnte bzw. ableiten müsste. Im Gegensatz zur Lüge ermöglicht die Heuchelei *drittens* dem Heuchelnden, in bestimmten sozialen Situationen an sein eigenes Heucheln zu glauben und seine eigene Verheuchelung um und um zu vergessen.

Vier kurze Vorbemerkungen über die Heuchelei als sozialgeschichtliches Phänomen:

1) Unter bestimmten historischen Voraussetzungen stellt die Heuchelei im Verhältnis zum »ideologischen Denken« ein *zusätzliches Problem* dar. In einem reflexiven und zur Selbstanklage disponierten Gesellschaftszustand, in dem jede Aufklärung den Abgeklärten anheimfällt, verliert das Problem des falschen Bewusstseins ein Stück weit an Dringlichkeit. Heute wie schon 1924 hat man die Kenntnis irdischer Dinge ja episodisch erlangt, die Passion der anderen temporär zur Kenntnis genommen. Das Bewusstsein befindet sich mit dem umgebenden Sein teilweise in Deckung. Die »Ideologie«, die die kritische Theorie mittlerweile in vierter Generation als standardisierte Makrogeschichte erzählt und durch die sie ihren eigenen Beitrag zur akademischen Kulturindustrie leistet, bleibt freilich eine unabdingbare Arbeitshypothese; Sozialdominante eignen sich nach wie vor Verfälschungen und Verkehrungen mit Behagen an. Doch dadurch wird das zusätzliche Problem der endemischen Dissoziation von Diskurs und Handeln weitgehend umgangen: Man verurteilt die antisemitischen Bilder auf der Documenta »aufs Schärfste«, fährt aber trotzdem nach Kassel. Mir geht es hier darum, durch eine kurze Ideengeschichte des bürgerlichen Heuchelns ein Argument für den düstersten historischen Pessimismus anzuführen, das die Surrealisten unentwegt wiederholen: Auch dann, wenn die Sozialdominanten dem Schaden ins Gesicht sehen, machen die *misérables* nur unverhältnismäßig kleine Schritte nach vorne. Voll Wiss-

begierde, gerne belehrend, sind die Sozialdominanten, wie alle Glaubenden, konstitutiv unbelehrbar. Dies bleibt die letzte Wahrheit des Glaubens an reformistische Fortschrittlichkeit, wie des Glaubens überhaupt: Er neutralisiert jeden Lerneffekt. Aus surrealistischer Perspektive gehören Gläubige, und mit ihnen jede Form von sozialer Domination, schlechthin abgeschafft.

2) Allzu oft ist dem Bürgertum seine Heuchelei bzw. seine *Hypokrisie* vorgehalten worden (altgr. *hypokritēs*: der Schauspieler). Dies allerdings im sehr reduktiven Sinne des Bürgers, der zwar Askese predigt, aber heimlich frisst, säuft und koitiert. Dabei hat das rundgelutschte Motiv des *bürgerlichen Schweinseins*, von Flauberts Korrespondenz und Sartres *Der Ekel* bis zu Orwells *Animal Farm* und den antisemitischen Flugschriften der RAF, eine Reihe an hochkomplexen Fragen ausgeklammert, die weniger die Duplizität des bürgerlichen Betragens selbst thematisieren als das elementare Wirklichkeitsverständnis, das diese Duplizität erst ermöglicht und, wichtiger noch, in den eigenen Augen des Bürgers legitimiert. Darüber hinaus hinkt die Metapher, wäre doch nicht jeder Bürger ein Borstenvieh im engen, nobilitierten Sinne des Wortes: Manch Allesfresser (dichtende Fernsehköche, singende Fernsehärzte, kochende Fernsehdichter), manch junge Fairkel (ihre Fairness, ihr fair trade, fair food, Fairphone™, Fairpresso, ihr Fairbruary als »fairster Monat des Jahres«*) mengen

* Das durch und durch »meritokratische« Konzept der »Fairness« ersetzt ab Anfang der 1990er Jahre das Konzept der »Gleichheit« im sozialdemokratischen Diskurs. Fairness lässt Zielungleichheiten zu, das heißt solche, die sich am Ende eines »meritokratischen Prozesses« (Schule, Studium, Karriere) herauskristallisiert haben. Ungleichheit unter Menschen sei für eine sogenannte *faire* Gesellschaft unerlässlich. Soziale

sich ja der vollblütigen Sorte bei. Sie dämmen zwar die soziale Inzucht ein, schenken der Spezies kulturelle Vitalität und politische Fertilität, doch seit Flaubert verklärt diese geschmacklose Metapher ihren Gegenstand mindestens ebenso sehr, wie sie ihn erhellt.[68]

3) Der oft geächtete Begriff der Heuchelei birgt zudem einige Fallstricke. Zum einen wollen wir das heuchlerische Kind ausschütten und dabei dissoziativ das Badewasser behalten. Kein Genuss ohne lauwarme Dissoziation: Sie ermöglicht es der Liebhaberin, dem Liebhaber, manch irreguläre Liebkosungen in kennender Unkenntnis bzw. unkennender Kenntnis ihrer Ächtung auszuführen. Für die Surrealisten selbst ist auch die schärfste Dissoziation unter bestimmten Bedingungen zulässig: Spiel, Schändung und Witz implizieren die partielle Leugnung des Bestehenden, verfälschen und zersetzen somit die Wirklichkeit, sind aber als revolutionäre Instrumente unersetzlich. Nicht weniger falsch bleiben trotzdem die arglosen Schlussfolgerungen der Gelehrten, nach denen die »Heuchelei etwas ist, mit dem man zu leben lernen muss«[69] (David Runciman, 4th Viscount Runciman of Doxford, Universität Cambridge), bzw. dass sie »eine der wenigen Laster [ist], die einer liberalen Demokratie zugutekommen«[70] (Judith Shklar, Universität Harvard, Universität Oxford, Universität Cambridge). Wir wollen hier ein bisschen differenzieren. Es gibt private Dissoziationsleistungen, die sich trotz ihrer Frechheit sehr gut mit einer realen politischen Redlichkeit und Folgerichtigkeit ver-

Schichtungsprozesse, sofern sie »fair« gestaltet werden, produzieren in etwa bloß »Fairsager« und »Fairlierer«, die sich über ihr faires soziales Los nicht zu beklagen haben. Ich schreibe hier wohlgemerkt als dankbares Produkt genau solch eines meritokratischen Prozesses.

tragen, während die öffentliche Bejahung und simultane Verneinung ein und desselben politischen Sachverhalts *immer* von jenen denunziert werden darf, die seine sozialen Kosten schlussendlich tragen müssen.

4) Zum anderen kehrt sich die Kritik der Heuchelei meist gegen den, der sie äußert. Der Mangel an einer immunen Position, von der aus andere vor ihre diskursiv-praktischen Widersprüche gestellt werden können, löst ein generalisiertes Kreter-Paradoxon aus, in dem Heuchler Heuchler Heuchler nennen und Bürger Bürger Bürger. Das bedeutet im Umkehrschluss, dass die Kritik der Heuchelei die Heuchelei ebenso normalisiert wie die Kritik des Kapitalismus den Kapitalismus. Da es keine immune Position gibt, von der aus Vorwürfe der Heuchelei geäußert werden können, gibt es auch keine Position, aus der sie zwingend empfangen werden müssen. Alle sind immun. (Ich zum Beispiel halte mich für ziemlich grün, heiße mal gerne ein Verbot willkommen und empfinde ein geradezu ozeanisches Gefühl der Verbundenheit mit meinem Astralleib, habe aber neulich einen riesigen Custom-Auspuff an meine Kawasaki angebaut, sie schallt jetzt mit 97 dB wie ein Jagdhorn im Teutoburger Wald, sie raucht schön, »furzt gut«. Wer also könnte mich der Heuchelei besser und informierter bezichtigen als ich selbst? Eben keiner. Andererseits: Wodurch unterscheidet sich meine Freiheit von der Freiheit des Ebers, von der Freiheit des gemeinen Borstenviehs, wenn sie nur in den deutschen Wäldern zu finden ist?[71])

Die Heuchelei als *moralische Unzulänglichkeit* zu maßregeln, wie es die politische Tradition lange getan hat, oder sie wiederum als zulängliche Konsequenz einer jeden sozialisierten Existenz zu zelebrieren, wie es die affirmativ-bürgerliche Philosophie bisweilen noch tut[72], verkennt und verfehlt die Heuchelei schließlich in ihrer elementarsten Funktion. Die Heuchelei ist eine *Wissensform*, die wiederum den Besitzanspruch, die Macht und das Realitätskonzept des Bürgertums organisiert und begründet. Anders gesagt: Besitz-, Macht- und Realitätsansprüche des Bürgertums hängen nicht nur von bestimmten ökonomischen Besitzstrukturen ab, nicht nur von bestimmten juristischen Herrschaftsformen, nicht nur von einem bestimmten Realitätskonzept, sondern auch von einer bestimmten *Wissensform*: der Heuchelei. Sie erst macht Besitz, Macht und Realitätskonzept für das Bürgertum ertragbar – *mitmachbar* – und garantiert Partizipation in einer bürgerlichen Welt, die erst durch Besitz*kritik*, Macht*kritik* und Realitäts*kritik* entstehen und fortdauern konnte. Wer bei bürgerlichem Besitz, bürgerlicher Macht und bürgerlichem Realismus mitmachen will, muss heucheln. Wer besitzen will, wer herrschen will, wer realistisch sein will, muss überhaupt heucheln *können*. Bloß wie?

a) Heuchelei als Herrschaftsprinzip

Wir sehen – und das ist weder selbstverständlich noch selbsterklärend – die Wissensform »Heuchelei« oft am Werke, wenn dominante Schichten ihre eigene Dominanz anprangern. Heuchelei ist sogar nie deutlicher erkennbar als da, wo dominante Schichten sich selbst beschuldigen. Diese Besonderheit hat mit der Geschichte der bürgerlichen Herrschaft zu tun, die historisch erst *andere* Herrschaftsformen anprangern musste, bevor sie gedeihen konnte.

Dabei war die Kritik der Heuchelei einst fester Bestandteil der *liberalen* politischen Kultur, nicht der linken, nicht der rechten. Das machte man in der Gesellschaftsmitte: Gerade deswegen konnten Leute wie Runciman und Shklar mit ihren »kontraintuitiven« Plädoyers für Heuchelei *punkten*. Das ist vorbei: Die Verbannung der Heucheleikritik, ihr *Outsourcing* an die politischen Ränder ist eine der signifikantesten Transformationen, die die aktuelle liberale Kultur von der älteren unterscheiden. Wir haben gelernt, an ihr Gefallen zu finden.

Auffälligerweise gibt es keine linke Theorie des Heuchelns, sondern nur einige rechte. Die Geschichte des Heuchelns als Funktion bürgerlicher Herrschaft ließe sich locker aus der Perspektive der konservativen Staatstheorie und Sozialgeschichte erzählen. Am klassischsten geht das so: Im 18. Jahrhundert, im späten Absolutismus, an der Schwelle zur politischen Modernität und zur großen sozialen Umschichtung der bürgerlichen Ära konnte die aufkommende bürgerliche Klasse den monarchischen Absolutismus nach und nach unterwandern, indem sie diesen kritisierte. Dafür war die Heuchelei aufgrund der konkreten Gefahren, die jede Majestätskritik mit sich zog, geradezu unerlässlich. Erst in den Windungen seines Gewissens, dann in der Gemeinschaft seiner Logenbrüder, dann in Gesellschaft seiner Salonschwestern, schließlich in der Gelehrtenrepublik konnte der Bürger sich in Kritik regelrecht suhlen, ohne sich je der politischen Gewalt frontal ausliefern zu müssen. Die private Meinung blieb dem »außerstaatlichen geistigen Innenraum« zugeordnet, wie Koselleck schreibt, während die äußeren Taten allein »dem Urteil und Gericht des Herrschers«[73] unterworfen waren. Der Bürger konnte fortan unbehelligt *meinen* – und schon bald meinte der Bürger, weniger wissen zu sollen, als er zu meinen hatte –, doch sein Meinen blieb notwendig und vorsätzlich ohne politische Konsequenzen. Anders gesagt: Die »prinzipielle Verlogenheit«[74] des Bürgertums hatte einen Preis, der mit Privatisierung und politischer Depotenzierung bezahlt werden musste. Wenngleich diese hypokritische Kritik den französischen Absolutismus schließlich zum Einsturz brachte, tat sie dies nur indirekt, das heißt über den Königsweg: Sie entlarvte bald »den König als Menschen, und als Mensch kann er gar nichts anderes sein als ein Usurpator«. Nicht nur dem Bürgertum wurde der König unglaubwürdig, sondern vor allem »sich selbst«.[75]

Diese reaktionäre Entstehungsgeschichte bürgerlicher Herrschaft bildet allerdings bloß einen der originären Schauplätze der bürgerlichen Hypokrisie unter vielen (»Hypokrisie«, von *hypo-krinein*, »des Urteils über sich selbst ungenügend fähig«). Später, nach der Französischen Revolution, als der Bürger unter Bürgern seine idyllische Herrschaft im *État bourgeois* ausüben konnte, wurde das Heucheln zu seiner zweiten Natur. Das erfolgte mittels einer interessanten Paradoxie. In Abwesenheit eines Königs, der als Zielscheibe für heuchlerische Kritik herhalten konnte, musste sich schließlich das Bürgertum zwangsläufig einem anderen Objekt hypokritisch zuwenden – nämlich sich selbst. Wie aber konnte das Bürgertum auch dann noch überleben – also: *sich selbst überleben* –, als die prärevolutionäre Hypokrisie fester Bestandteil der postrevolutionären Gesellschaft geworden war und als dem Bürgertum drohte, sich nur noch an sich selbst ausheucheln zu können?

Hannah Arendt gibt darauf eine besonders abfällige Antwort. In *Über die Revolution* (dt. 1965) sieht sie die Ursprünge des modernen Heuchelns nicht in der Geschichte des Bürgertums verankert, sondern in der Herrschaft der revolutionären Jakobiner. Für Robespierre, den die Surrealisten im Übrigen maßlos verehrten, legitimierte die Bekämpfung der Heuchelei allen mörderischen Eifer der revolutionären *Schreckensherrschaft* (1793–1794). Man köpfte, um zu demaskieren; im August 1792 untersagte man sogar die abendliche Zerlegung der Guillotine. Der Laden musste laufen. Doch die paradoxen Konsequenzen dieses revolutionären Aufrichtigkeitseifers wurden laut Arendt bald augenfällig. Der revolutionäre Kampf gegen die Heuchelei, »unserem Gefühl nach nicht gerade eine der Todsünden«[76], musste prinzipiell endlos bleiben, da es »unmöglich ist, unzweideutig die wahren von den falschen Patrioten zu unterscheiden. Der Unterschied liegt in ihren Antrieben und Motiven, und die gerade bleiben verborgen.«[77] Der revolutionäre Eifer, den Heuchler zu entlarven und den wahren vom falschen Patrioten zu unterscheiden, mündete schlussendlich darin, dass der Revolutionär sich selbst verdächtigte: erst des Unpatriotismus, dann der Heuchelei.

Die revolutionäre Demaskierungswut hatte jedoch einen entscheidenden sekundären Vorteil, der bald zum psychopolitischen Kern der bürgerlichen Ära vordringen sollte: Die Verdächtigung des Mitbürgers stärkte das Gewissen. Wer verdächtigte, tat dies im Namen von Tugenden, die er folgerichtig doch *kennen* und *schätzen* musste. »Es war«, schreibt Arendt, »als hätte sich Descartes' Zweifel – ›je doute donc je suis‹ – des politischen Bereichs bemächtigt: Ich misstraue, also bin ich tugendhaft.«[78] Das Verdächtigen wurde zur Bürgschaft der bürgerlichen Moral. In der konkreten politischen Welt des postrevolutionären Bürgertums schlug sich dieses grenzenlose Misstrauen in einer doppelten Gesinnung nieder, die allein der Paradoxie ein Ende bereiten konnte: einerseits als Zynismus gegenüber dem Gewissen anderer, andererseits als Leichtgläubigkeit gegenüber dem eigenen.* Nur durch die paranoide Verdächtigung der Integrität seiner Mitbürger und durch die eilige Absegnung seiner eigenen Aufrichtigkeit konnte der Bürger überhaupt die Heuchelei einschränken, das heißt mit der Heuchelei *harmonieren*, die nun den Kern seiner als solcher erkämpften Gesellschaft bildete. Bald lernte der Bürger schön zu *differenzieren*: Unerbittlich zu seinem Mitbürger (wie auch seine Mitbürger zu ihm), großmütig zu sich selbst (wie auch seine Mitbürger zu sich selbst) musste er fortan allen anderen einen allzu schonenden Selbstbezug unterstellen. Er allein bewies die angemessene Schroffheit in der Selbstkritik. Man lebte fortan in zynischer Gesellschaft, tat dies aber als tugendhaftes Subjekt – man *brauchte* den Zynismus anderer, um tugendhaft zu sein. Außen hart, innen zart: Nach dem Ebenbild mancher schweizerischen Schokoriegel ward pünktlich zur industriellen Revolution das bürgerliche Selbstverständnis neu geschaffen.

Die theoretischen Großerzählungen, die ich hier kurz zusammengefasst und vereinfacht habe, lassen allerdings entscheidende geschichtliche Faktoren weitgehend außer Betracht. Weder Arendt noch Koselleck verlieren ein ernsthaftes Wort über die Gesellschafts- und Wirtschaftsordnung, in der die Hypokrisie einen derartigen Stellenwert erlangen konnte, nämlich den Kapitalismus. Im Folgenden versuche ich, beide Großerzählungen in Hinblick auf dieses Defizit etwas zu reorganisieren und zu ergänzen.

* Arendt ist hier polemisch, denn in ihren Totalitarismusstudien erklärt sie gerade diese »Mischung aus Leichtgläubigkeit und Zynismus« zum Charakteristikum der »mob mentality« totalitärer Systeme. Die Demaskierung des Hypokriten kann demnach nur »auf Kosten des ganzen Menschen gehen«. Hannah Arendt, *Über die Revolution*, München, S. 136.

Ich gehe dabei nicht über den Fundus an halbverdauten Theoriegebilden hinaus, die die Surrealisten plausiblerweise kennen konnten.

b) Heuchelei als Besitzprinzip

André Breton beteuert bis zum Ende seines Lebens, dass letztlich nur Hegel über die »Begründetheit der surrealistischen Tätigkeit«[79] urteilen dürfe. Warum ausgerechnet Hegel diese Ehre zukommt, weiß keiner der Surrealismusforscher so genau. Sicher ist allerdings, dass Breton zeitlebens eine »hartnäckige Hoffnung«[80] in die Hegel'sche Dialektik setzte. Von Hegels *Grundlinien der Philosophie des Rechts* (1820) lernte er zunächst eine banale – und wie wir gleich sehen werden: ungenaue – Standarddefinition der Heuchelei: »das Böse zunächst für andere als gut zu behaupten, und sich überhaupt äußerlich als gut, gewissenhaft, fromm und dergl. zu stellen, was auf diese Weise nur ein Kunststück des Betrugs für andere ist« (Hegel im Originaltext). Diese Ausdifferenzierung einer Inner- und Äußerlichkeit bildet eine dauerhafte und entscheidende historische Errungenschaft. Selbst dann noch, als die bürgerliche Epoche im Schatten geköpfter Könige florierte, wähnte sich der Heuchler im *Ancien Régime*. Er handelte wie eine »sich als das Absolute behandelnde Subjektivität«.[81] Das Narrenspiel des Absolutismus lebt im bürgerlichen Zeitalter weiter. Der Bürger hält seine Subjektivität einfach deswegen für das Allgemeine, weil er seinen Mitbürgern erfolgreich vortäuschen kann, dass sie tatsächlich das Allgemeine sei. Somit braucht Heuchelei zwangsläufig ein *Publikum* und wird dadurch zum Grundphänomen der Öffentlichkeit. Zu diesem düpierten Publikum gehört der

Bürger immer ein Stück weit selbst; mal ist er der Düpierte, mal der Düpierende. Zunächst spielt er für seine Mitbürger das leichtgläubige Publikum; allerdings bald auch für sich selbst.

Dass jeder Bürger somit in die Grube fallen musste, die er für jeden seiner Mitbürger gegraben hatte, wurde entscheidend durch die Freisetzung der Marktkräfte in der zweiten Hälfte des 19. Jahrhunderts begünstigt. Letztere beruht darauf, dass das Bürgertum das Narrenspiel des getäuschten Täuschers internalisieren musste. Norbert Elias formuliert das Problem am klarsten: »Man ist sich heute im allgemeinen kaum dessen bewusst, was für ein einzigartiges und erstaunliches Phänomen eine ›arbeitende‹ Oberschicht darstellt. Warum arbeitet sie? Warum unterwirft sie sich diesem Zwang, obgleich sie doch, wie man zuweilen sagt, ›herrscht‹ und also kein Übergeordneter es von ihr verlangt?« Elias' unzufriedenstellende, weil zirkuläre Antwort lautet: *Triebmodellierung*. Der Bürger erlernt die Triebregelung, »die zur Arbeit notwendig ist«.[82] Dies setzt aber ebenjene Selbstbeherrschung voraus, die die Triebregelung doch erst ermöglichen sollte.

Das Problem ist bei Hegel besser disponiert. Das lernten die Surrealisten von einem ruinierten russischen Immigranten, Alexandre Kojève, der zwischen 1933 und 1939 in Paris Unterschlupf fand und als leidlich entlohnter Intellektueller und esoterischer Linkshegelianier über die *Phänomenologie des Geistes* dozierte. Unter den Zuhörern der sagenumwobenen Vorlesungen Kojèves befanden sich viele der Weggefährten des Surrealismus: Raymond Queneau, Georges Bataille, Jacques Lacan, Michel Leiris. Viele der Themen und Thesen Kojèves hatten die Surrealisten selbstständig erarbeitet, wie die Lektüre der Zeitschrift *La Révolution surréaliste* (1924–1929) verdeutlicht. Ab 1933, im

Augenblick maximaler Gefahr, gab Kojève ihnen Struktur und Gewissheit.

Denn wie kurios die Figur einer »arbeitenden Oberschicht« historisch auch erscheinen mag, deutlich kurioser noch ist die psychopolitische Transformation, die sie möglich machte: Das Bürgertum musste lernen, für einen anderen zu arbeiten, ohne einen anderen als sich selbst zu *haben*. Nun politisch herrenlos geworden, musste das Bürgertum lernen, so tüchtig für sich selbst zu arbeiten, wie es einst für seinen Herrn gearbeitet hatte. Die arbeitende Oberklasse erwarb die Fähigkeit, *Herrin ihrer Selbst* zu werden und ihre realgeschichtliche Selbstherrschaft als eine fiktive Fremdherrschaft zu betrachten.

Dafür musste das Bürgertum nur die realgeschichtlichen Machtverhältnisse verkennen lernen und sich selbst den Herren geben, den es nicht mehr hatte – konkret: sich diesen vorheucheln. Bürger wurde nur, wer die Bequemlichkeit des Herrenlosen verlernte, um faktisch herrenlos bleiben zu können. Bürger wurde nur, wer über sich selbst *als einen anderen* zu verfügen lernte. Der Bürger *spaltete* sich.

Gerne erinnert sich der Bürger an diese originäre Selbstspaltung, als sei sie eine große ethische Läuterung gewesen.[83] Er erwarb, so viel ist richtig, eine Reihe an Kompetenzen: Geschäftigkeit, Aufrichtigkeit, Selbstständigkeit, Selbstverantwortlichkeit etc. Doch diese Tugenderzählung verschleiert die sozialen Kosten dieser bürgerlichen Selbstspaltung. Das Bürgertum lebt nämlich nie auf Pump. Ethische Errungenschaften haben immer einen politischen Preis.

Extrapolieren wir also ein wenig. Um Kojèves elegante Reinterpretation Hegels besser nachzuvollziehen, kann man sich erstens das Ausmaß dieser generalisierten Dissoziationsleistung etwas genauer vor Augen führen. Zum einen wurde die bürgerliche Selbstherrschaft und -knechtschaft – das bürgerliche *Heucheln* – bald zur Bedingung der Möglichkeit der kapitalistischen Wirtschaftsordnung. Die Verdopplung des Bürgers als Herr und Knecht seiner selbst beruhte auf der Internalisierung jener Attitüden, die einst das höfische Heucheln geprägt hatten. Es gehörte fortan zu seiner Akkumulationsfähigkeit und -lüsternheit, dass sich der Bürger zu sich selbst mit der gleichen Mischung aus Leichtgläubigkeit und Zynismus verhielt, wie er sich ehemals zu seinen Herrschern verhalten hatte. Heuchelei avancierte zu einer internalisierten Selbstkapitalisierungstechnik, die dem Bürger ebenso viel abverlangte, wie sie ihm einbrachte. Kurz: Heuchelei, als nun privatisierter und ökonomisierter Selbstbezug, wurde *entlohnt*.

Zum anderen aber bezahlte das Bürgertum diese entlohnte Hypokrisie mit einem generalisierten Wirklichkeitsverlust, in dem »das Wirkliche unwirklich und das Unwirkliche das Wirkliche ist«[84], wie Hegel es formuliert, und in dem allein das Kapital noch zwischen Wirklichkeit und Unwirklichkeit zu vermitteln wusste. Laut Kojève mündete die epochale Dissoziationsleistung des Bürgertums zur Jahrhundertmitte nämlich im Aufkommen der einzigen Abstraktion, die die Totalität des bürgerlichen Realitätsbegriffs aufnehmen konnte: das Kapital. Der Bürger, der für sich selbst *als einen anderen* arbeiten musste, verwandelte sich in einen Privateigentümer. »Anders ausgedrückt, der bourgeoise Arbeiter setzt eine *Entsagung* der menschlichen Existenz voraus (und bedingt sie); der Mensch transzendiert sich, geht über sich hinaus, projiziert sich weit aus sich heraus« und macht sich dem Kapital dienstbar, in welchem allein er sich noch wiedererkennen kann. So wird er zwar Knecht des Kapitals, doch immerhin Knecht »seines« Kapitals.[85]

Die Konsequenz dieser Abstraktionsleistung ist augenfällig: Die Vermittlungsarbeit des Kapitals macht es für den Bürger möglich, an seine Selbstspaltung, das heißt sein Heucheln, zu *glauben*. Er kann, solange das Kapital ihn vor der Gefahr der irreversiblen Dekomposition bewahrt und ihm die Vorzüge der nüchternen und kontrollierten Selbstspaltung gewährt, sich der arbeitsamen Dissoziation ungehindert hingeben. Hier als Malocher, dort als Chef und doch immer beides zugleich verlernt er die elementare Skepsis, durch die er sein eigenes Heucheln einst als ein bloßes »Kunststück des Betrugs für andere« entdecken konnte. Mittels des Indifferenzpunktes »Kapital« kann der Heuchler nun seinem eigenen Heucheln glauben. Dadurch unterscheidet er sich vom Lügner, der an seine Lügen *nicht* glauben darf.

Demzufolge wird der Bürger, nun endlich im bürgerlichen Zeitalter angekommen, von der Abstraktion »Kapital« konkret abhängig – und wiederum von der Konkretion »Wirklichkeit« abstrakt unabhängig. Besitzen heißt ab diesem Moment dann immer auch: »sich selbst besitzen«, sich dank der Vermittlungsarbeit des Kapitals als substanzielle, kohärente Ganzheit zu begreifen und zu erfahren, wo doch sein Berufsalltag ihm dauernd seine Selbstzerteilung vor Augen führt. Mit der souveränen Akkumulation und Verwaltung seines Kapitals steht für den Bürger also weit mehr auf dem Spiel als ein rein ökonomisches Können: Durch die Anhäufung von Kapital erlangt er die trügerische Selbstgewissheit, *dass* er existiert, das heißt sich weiterhin als ein einheitliches, sich selbst ähnliches Subjekt erfahren kann.

Historisch signifikant wird diese Metamorphose erst, wenn ihre Auswirkungen auf das bürgerliche Selbstverständnis deutlich werden. Bevor der Bürger lernte, für-sich-selbst-als-einen-Anderen zu arbeiten, hatte er diese spezifische Form der Dissoziation einfach nicht nötig. Er folgte hier den Anweisungen eines Herrn, dort den Geboten der Notwendigkeit. Verschärft formuliert: Vor Ausbruch der Vermittlungsarbeit des Kapitals bestand die Aufgabe des Protobürgers lediglich darin, *folgerichtig* zu handeln, und zwar sogar dann noch, wenn er auf die Befehle seines Herren mit Ungehorsam antwortete; man hörte auf seinen Magen und klaute dem Herrn die Fasanenterrine. Einst genügte es also, praktische Konsequenzen zu ziehen, um eine Form von praktisch-diskursiver Kohärenz, das heißt von Folgerichtigkeit zu erfahren. Bald musste der Bürger aber auf diese Einheitlichkeit und Folgerichtigkeit verzichten lernen und sich mit der Kohärenz der Selbstähnlichkeit, das heißt mit *Identität* vertrösten lassen – natürlich alles durchweg fiktiv und alles durch Kapital vermittelt. Die Vermittlungsarbeit des Kapitals, die dem Bürger im Moment seines politischen Potenzverlusts eine Identität schenkte, erfüllte mit anderen Worten ein Bedürfnis, das er zuvor gar nicht gehabt hatte. Diese Figur ist für den Kapitalismus paradigmatisch.

Der Bürger wird also vom Kapital abhängig. Allein durch die Vermittlung des Kapitals kann er für sich selbst *als einen anderen* arbeiten. Allein im Kapital glaubt er noch, seine vollends dissoziierte Wirklichkeit als *eine* Wirklichkeit erfahren zu können. Dem Kapital weiht er seine Taten, weil das Kapital ihm Kohärenz und Selbstkohärenz schenkt. Dem Kapital weiht er seine Moral, weil das Kapital ihn von der heuchlerischen Grundstruktur der bürgerlichen Herrschaft zu erlösen verspricht. Der Bürger gewinnt im Moment der Erlösung von seiner Heuchelei im Gegenzug eine *Identität* zurück. Endlich ist er wieder »jemand Bestimmtes«. Er wird, mittels des Indifferenzpunkts »Kapital«, wieder arbeitsfähig.

Im gleichen Schritt wird der Bürger aber von jener Gesellschaftsform abhängig, die diese elementare Transaktion garantiert. Auch hier ist das Theorem denkbar schlicht: *Allein von Kapital wird das Bürgertum abhängig sein, dafür aber immer und unter allen Umständen.* Auch dann, wenn es gilt, diese kapitalistische Gesellschaft zu kritisieren. So spricht Kojève, an den ich an dieser Stelle wieder anschließe, der Denunziation des bürgerlichen Intellektuellen eine zentrale Rolle in jedem revolutionären Projekt zu:

> Er will sich als freistehendes Individuum realisieren; er glaubt aber, allein durch seine Kritik der *Gesellschaft* einen Wert zu haben. Um seinen Wert zu erhalten, will er eigentlich die Gesellschaft erhalten, die er kritisiert, da es diese Kritik ist, die ihm wichtig ist. Entweder richtet er es so ein, dass seine Kritik sich nicht verwirklicht, oder, sollte seine Kritik verwirklicht werden, merkt er es nicht und kritisiert weiterhin die neue Gesellschaft. Rein verbale Kritik. Will nicht handeln. [...] Der Kapitalismus muss erhalten bleiben, damit es (für immer?) ein Proletariat und eine sozialistische Partei gibt: »reformistischer Sozialismus«.[86]

Die Revolution und die Infragestellung des Kapitals sind somit ausgeschlossen. Sie bilden zugleich die Grenze der bürgerlichen Kritikbereitschaft und die Zellmembran der bürgerlichen Klasse. In dieser lauten, aber antirevolutionären »Welt der Unzufriedenen«, in dieser »Welt des Diskurses«[87] ist Kritik omnipräsent und die Gesellschaft omnipotent. Sollte Kritik über ihr (immer latent systemerhaltendes) Ziel hinausschießen und versehentlich eine utopische Gesellschaft gebären, so müsste im Gegenzug der bürgerliche Intellektuelle aus dieser Gesellschaft verschwinden. Ergreift der bürgerliche Intellektuelle das Wort, so muss er unweigerlich sein Einverständnis »vorheucheln«, [88] sich durch seine Kritik gegebenenfalls selbst erübrigen zu können, das heißt eine Welt zu realisieren, in der er überflüssig wäre.

Er lebt schließlich von den Missständen, die er beklagt. Diese Abhängigkeit von der unvollkommenen Wirtschafts- und Gesellschaftsordnung, die seine Tätigkeit als Intellektueller ermöglicht und gegen welche er sich doch zeitgleich als Negativität, als Zensor, schlicht: als Denker zu wenden hat, bildet den *Impotenzierungspunkt* jeder bürgerlichen Kritik. Hier hat das Heucheln als Grundstruktur des bürgerlichen politischen Engagements praktische Konsequenzen. Der *capitalist realism*, diese erlernte Hilflosigkeit der dominant-kritischen Klasse, hat also eine psychopolitische Vorgeschichte.

(Anekdote zur Wirklichkeit und ihrem Verlust: Eine Personalchefin, in deren Tübinger Stadtvilla ich als Postdoktorand ein Zimmer untermieten wollte, begann ihre Zusagemail mit: »Sicher haben Sie mich gegoogelt und wissen, dass ich ein sehr internationales Team habe: Ich freue mich besonders über Untermieter aus dem Ausland.« Worauf meine Antwort hätte lauten müssen: »Ich freue mich, Ihnen Ihre Existenz bestätigen zu können, usw.« – Übrigens bin ich Deutscher. Noch heute eskalieren bürgerliche Derealisierungserscheinungen zu einem fundamentalen Selbstzweifel: Bin ich *überhaupt*? 1637, im Erscheinungsjahr des *Discours de la méthode*, war das kühnes cartesianisches Geschick; heute ist das lediglich syndromal – das heißt bis zur Unkenntlichkeit runtergePrechtete Metaphysik. Die Derealisierung des Realen potenziert sich dann zu einer absoluten Verdächtigung, gar Leugnung der Wirklichkeit des bürgerlichen Subjekts durch jenes selbst. Freilich, damit diese fundamentale Selbstverdächtigung explizit wird, müssen Ausnahmebedingungen der Möglichkeit erfüllt werden, beispielsweise wenn das Bürgertum waghalsigen Kontakt mit seinem Äußeren aufnimmt und fortan die Realität dieser verkannten Lebens- und Todeswelten nicht mehr glatt ignorieren kann. Woraufhin das Bürgertum, immer auf Kompensation bedacht, seine eigene Existenz in Frage stellt. Dabei muss man allerdings bemerken, dass das Bürgertum immer darauf besteht, diese Ausnahmebedingung selber bereitzustellen. Es institutionalisiert sein Äußeres und inszeniert es als suizidalen Initiationsritus: für die Jugend das Sabbatical in Neuseeland, für die Patrizier das humanitäre Projekt und die Parteimitgliedschaft. Meine Mitbewohnerin und ihre *rotaryschen Freunde* bauten in den Semesterferien beispielsweise Grundschulen in Zentralafrika. Zweifelsohne ein verdienstvolles Unterfangen. Für die allzu einsichtigen unter ihnen konnten aber fortan nicht mehr zwei Wirklichkeiten, die *rotarysche* und die *subsaharische,* gleichzeitig fortbestehen – obgleich es gerade Ziel solcher Initiationsriten sein sollte, diese miteinander *als Oxymoron* zu verbinden. Das gegenwärtige Bürgertum macht jedenfalls ganz verrückte Dinge.)

c) Heuchelei als Realitätsprinzip

»Ab sofort liegt es in unserer Macht, [...]
alle intellektuellen Betätigungen zu zerstören,
die nicht die Revolution anstreben und von
a) Dilettantismus,
b) dem Aristokratismus des Denkens,
c) dem intellektuellen Liberalismus,
d) dem europäischen Geist
zeugen.«[89]

Marcel Fourrier, André Breton, Louis Aragon, »Antrag«, 1925

Definitionsversuch eines kaum erträglichen, nichttrivialen Realitätsbegriffs: Was die Macht zu töten hat, ist das Reale. Wer diese Macht zu töten erkennt und anerkennt, ist wiederum Realist. Realismus ist schließlich der kollektive Glaube, dass die Macht zu töten sich erst als organisierte Gewalt, das heißt als Gesellschaftsordnung verschleiern und ertragen lässt.[90]

Kernanliegen der Surrealisten ist, dominanten Schichten zu *diesem* minimalen Realitätsbegriff zu verhelfen und ihren fundamental trivialisierten, infantilen, des Todes entleerten Wirklichkeitsbegriff zu sabotieren. Erst dann, wenn der bürgerliche Wirklichkeitsbegriff wieder von leiblichem Tod und historischer Endlichkeit gesättigt ist, wäre die bürgerliche Wirklichkeit wieder einer bürgerlichen *Kritik* würdig. Bis dahin gehöre sie geschändet. Ohne Bewusstsein des Todes, ohne Kenntnis eigener und fremder Tötungsfähigkeit bleibe jede noch so hochtrabende Geschichtsphilosophie von Historizität entleert und sei deswegen nicht intellektuell satisfaktionsfähig. Ohne Kenntnis eigener und fremder Endlichkeit keine revolutionären Möglichkeiten. »Der Surrealismus wird Sie in den Tod, der eine

Geheimgesellschaft ist, einführen«, verspricht Breton schon im ersten *Manifest.*[91]

Über die Heuchelei als Realitätsprinzip lernen die Surrealisten vor allem von den Literaten der Zwischenkriegszeit. André Breton war 1935 beispielsweise der Einladung gefolgt, auf dem *Ersten Internationalen Schriftstellerkongress zur Verteidigung der Kultur* in Paris eine Rede zu halten. Man traf sich, um eine gemeinsame Haltung der europäischen Intellektuellen gegen den Faschismus zu entwerfen. Im Publikum saßen die Mächtigen unter den Ohnmächtigen: Louis Aragon, Ilja Ehrenburg, E. M. Forster, Virginia Woolf, André Gide, Aldous Huxley, Egon Erwin Kisch, Thomas Mann, Heinrich Mann, Golo Mann, Klaus Mann, Ernest Hemingway, Lion Feuchtwanger, Ernst Toller, Tristan Tzara, Boris Pasternak, Bertolt Brecht, Max Brod, Robert Musil, André Malraux. *Tout le monde est là*, außer James Joyce und Jean-Paul Sartre, der zu diesem Zeitpunkt noch Gymnasiallehrer in Le Havre und depressiv ist. Unter den großen mondän-intellektuellen Ereignissen des 20. Jahrhunderts haben wenige einen derart hohen symbolischen Stellenwert wie der Pariser *Schriftstellerkongress.* Alle DDR-Literaturhandbücher erzählen die gleiche Geschichte: Er ist der Ursprungsmythos des *Front populaire*, der Volksfront, unter der zwischen 1936 und 1938 linke Parteien koalierten und einen Premierminister zu stellen vermochten.

Mehrheitlich laborieren die Redner halbhäretisch an der Dichotomie von Dichtung und Politik sowie an dem Druck, den der Faschismus auf das europäische Intellektuellentum ausübt. Können wir es uns leisten, über unsere politischen Differenzen hinwegzusehen, um »die Kultur« zu retten? Würden wir durch solch eine ästhetisch-politische Gleichschaltung nicht »die Kultur« gerade in dem Moment endgültig zerstören, wo wir sie zu retten suchen? Ist nicht ein Kongress gerade die Palliativstation, auf die die Kultur gewöhnlich zum Sterben geht? Keine dieser Fragen wird je gestellt; nicht einmal diesem Minimalanspruch an Einsicht werden die Reden gerecht, und es ist schwer, kein missgünstiges Resümee der vier Kongressabende zu ziehen.

Ehrenburg beschwört den Wert der Literatur herauf (»Außer Brot oder einem Auto braucht der Mensch bewusstes Denken«), beteuert aber, die Literatur habe gefälligst weiterhin von einem, nicht von allen gemacht zu werden (diese stalinistische Frechheit: Nichtliteraten »leisten auch schöpferische Arbeit, und ihre Schöpfung heißt eben Weizen oder Roggen«[92]). Ernst Bloch bedenkt einen paläolithischen Sozialismus (»Damals hatte die Materie Weinlaub im Haar«[93]). Musil wütet gegen jeden »Kollektivismus« und deutet die Kultur quietistisch als »übernational«, »unpolitisch« und »überzeitlich«: »Sogar die Kultur der Primitiven zeigt diese Erscheinung. Namentlich in ihren höchsten Schichten ist die Kultur von internationalen Beziehungen abhängig.«[94] Konstitutiv unplebejisch ist die Kultur also auch noch. Der künftige Nobelpreisträger André Gide, der Mächtigste unter ihnen, spricht diesmal nicht abfällig über »la littérature juive«, sondern löst sämtliche Antinomien auf. Er redet frenetisch – »aus voller Überzeugung« – von der Vereinbarkeit von Individualismus und Kommunismus, von Patriotismus und Internationalismus, von Opportunismus und Opposition.[95] Boris Pasternak erinnert an das Fundamentale (»so wird es, je mehr Glück auf der Erde sein wird, desto leichter werden, Künstler zu sein«[96]). Heinrich Mann beherrscht seinen Schlafzimmerblick nicht mehr und bleibt bis an die Pforte der Katastrophe korporatistisch: »das Beste wäre, eine Akademie von Wissenden regierte den ganzen Planeten«.[97] In seiner Abschlusserklärung gegen den Faschismus gibt das Präsidium des *Schriftstellerkongresses* – das sind Thomas Mann, Huxley, Gorki et al. – mutig bekannt, man würde nun »verschiedene Unterstützungsmöglichkeiten für die besten Werke der zeitgenössischen Literatur prüfen, besonders die Einführung eines Weltliteraturpreises«.[98]

Es ist ein Debakel, doch ein immerhin faszinierendes. Die hintergründige Antinomie von Kultur und Politik – fromm beanstandet und fromm wiederholt, bis sie in die Natur der Dinge eingeschrieben scheint – hat den Vorteil aller falsch gestellten Probleme: Sie sind ewig.[99]

Die Belanglosigkeit der meisten Reden auf dem *Schriftstellerkongress* und ihre nichtigen politischen Leistungen sind jedoch nebensächlich; wichtig ist, was sich im gewissenhaften Innenraum der Redner ereignet. Das wissen wir aus ihren Briefen, Tagebüchern und Memoiren ziemlich genau. Brecht schreibt nach seiner Rückkehr aus Paris an George Grosz: »Wir haben soeben die Kultur gerettet. Es hat 4 (vier) Tage in Anspruch genommen und wir haben beschlossen, lieber alles zu opfern, als die Kultur untergehen zu lassen. Nötigen Falles wollen wir 10–20 Millionen Menschen dafür opfern. Gott sei Dank haben sich genügend gefunden, die bereit waren, die Verantwortung dafür zu übernehmen.«[100] Er gehört allerdings selbst dazu. Golo Mann, damals 26, beklagt seinerseits die Abwesenheit des marxistischen Lexems »Klassenkampf« und die Erdrückung jeglicher Diskussion unter der bleiernen Decke des »Kampf[s] aller frei, fortschrittlich und humanistisch Gesinnten gegen die Barbarei des Faschismus«.[101] Huxley denunziert wiederum – als Redner und Präsidialmitglied – die unaufhörliche »sowjetische Propaganda« und »zynische Ambitioniertheit« der Redner während dieser »schmachvollen Episode in der Comédie Humaine«.[102]

So oder so auch bei Gide, Forster, Bloch, Feuchtwanger. Mehr Kostproben sind nicht nötig.

Öffentlich wetteifert man um Kulturfrömmigkeit, privat glaubt man an nichts und pflichtet somit der These Kojèves bei, die als Epigraf dieses Kapitels angeführt ist: Man lebt in einer christlichen Welt, ist aber selber Atheist geworden. Die *oxymoronischen Effekte* dieser inneren Zäsur (und Zensur) dürften offenkundig sein, auch für die Beteiligten selbst – zumindest episodisch. Diese drückt sich, zugleich als engagierte Gleichgültigkeit und als gleichgültige Engagiertheit, wie eine zweite Natur aus. Sie ermöglicht dem europäischen Schriftstellertum, die Strukturen zu denunzieren, an denen es teilnimmt, und an den Strukturen teilzunehmen, die es denunziert. Erst vor diesem Hintergrund kann der Wert des surrealistischen Projekts seinen historischen Nachfahren, dem bezeugnisten Bürgertum der jüngeren Gegenwart, überhaupt nahegelegt werden.

Die Fiktion des Zusammenlaufens (des *con-gressus*) konkurrierender Meinungen im vorpolitischen Raum ist zuletzt Objekt des öffentlichen Glaubens und des privaten Unglaubens. Das weder vollends mystifizierte noch vollends desillusionierte Teilnehmen- und Kritisierenkönnen geschieht unter Einhaltung des quasitotemistischen Gebotes, Ort und Zeit der Mystifizierung und der Entmystifizierung streng voneinander zu trennen. Die Fiktion der politischen Anteilnahme ist demnach keine, solange sie eine öffentliche Täuschung bleibt, die niemand anderen täuscht als die zusammengelaufenen Täuscher selbst. Gesetzt, es gibt keine anderen Getäuschten als die Täuscher selbst, können alle Täuscher kollektiv an die Aufrichtigkeit ihrer politischen Anteilnahme glauben – und dies aufrichtig.

Daraus erklärt sich die entscheidende Rolle, die die Exklusion der *Gegenöffentlichkeit der Nichttäuscher und ungern Getäuschten* für diese kollektive Fiktion einnimmt. Der Ausschluss der Skeptiker, die Verbannung der buchstäblich Desillusionierten (das heißt auch der Surrealisten, wie wir sehen werden) und die Verkürzung der Öffentlichkeit auf eine strikt bürgerliche Körperschaft ist für die kollektive Glaubwürdigkeit der kollektiven Fiktion essenziell. Primitiv sprachphilosophisch ausgedrückt: Soziale Teilung ist nie bedeutsamer als da, wo über soziale Teilung schwadroniert wird. Von ihren realen Antagonisten befreit und zur Ausfechtung ewiger Probleme wohl disponiert, erscheint bürgerliche Öffentlichkeit nun als »gesamtgesellschaftliche Scheinsynthese« (Negt/Kluge).[103]

Kann man es aber diesen sonstwie exemplarischen und mutigen Rednern ernsthaft verübeln, sich an dieser Fiktion zu beteiligen? Der bürgerliche Intellektuelle, der sich unablässig »auf den Brettern« unzähliger *Kongresse* vor seinesgleichen produziert, weiß jedenfalls nicht mehr so recht, ob er besser durch Öffentlichkeit oder Innerlichkeit verborgen ist. *Hiding in plain sight*: das Englische verbrieft diese oxymoronische Position besonders elegant. Mustergültig bleibt hierfür jedenfalls G. K. Chestertons metaphysischer Thriller *The Man Who Was Thursday*, 1908: Ein verdeckter Ermittler infiltriert eine siebenköpfige Anarchistenbande, um schließlich herauszufinden, dass sie fast gänzlich aus infiltrierten Ermittlern besteht. Der einzige wahre Anarchist der Gruppe ruft seine Ansichten von allen Dächern – aus List. Er weiß, keiner wird ihm glauben.

Auf dem *Schriftstellerkongress* wird antifaschistisch geschwätzt. Immerhin! Man heuchelt – allerdings mit drei Einschränkungen, die den Rahmen einer dauerhaft gültigen Glaubenslehre umreißen sollten.

Erste Einschränkung: Man glaubt zumindest noch an sich selbst. Die Redner verstehen, soziologisch zu nuancieren. Wenn man wie Heinrich Mann das Lexem »Bürgertum« in den Mund nimmt, dann nur, um das »Kleinbürgertum« abzukanzeln (»Schrebergärten«, »Hakenkreuz«[104]). Das *nichtkleine* Bürgertum und seine entsprechend »großartige«[105] Literatur bleiben unersetzlich, denn sie allein entscheiden über die Arbeitsteilung und die genaue Lokalisierung der Utopie: Der Schriftsteller entscheidet, »wo der Proletarier beginnt, wo der Kleinbürger aufhört«.[106] Ein Bürger sein heißt – und heißt noch heute bei Didier Eribon, Édouard Louis und vielen anderen[107] – Nichtbürger für Bürger erkennbar zu machen. Man produziert *Fahndungsbilder* des Proletariats. Die *»Verteidigung der Kultur«* heißt somit die Verteidigung einer Gesellschaft, in der es auch in Zukunft noch Bürger, Kleinbürger und Proletarier geben wird – also die Klassengesellschaft, überschwänglichen Beteuerungen des Gegenteils zum Trotz. Worüber sonst großartige Literatur schreiben? Siehe Musil, Mann, Huxley, Forster, Gide, Malraux usw. Doch auch als Kommunist glaubt man an sich selbst und folgt der Logik, die Brecht bereits in seinem einzigen wirklich linientreuen* Stück *Die Maßnahme* (1930) ausbuchstabiert hatte: »Umarme den Schlächter, aber ändere die Welt: sie braucht es!« Dabei bringt man dem Schlächter die Lämmer dar – denn 1935 fristen circa 1,2 Millionen Menschen ihr Dasein im sowjetischen Zwangsarbeitssystem. Bei Brecht heißt die Strategie ein »heimliches Knüpfen des Netzes der Partei«.[108]

Zweite Einschränkung: Man glaubt noch an den Lohn, den man für diese Teilungs- und Schreibarbeit bezieht.

* Als das Stück rauskam, wurde es von der kommunistischen deutschen Presse selbstverständlich als nicht linientreu abgelehnt.

Heinrich Mann, in seiner ehrlichen Haut: »keine große Industrie, ohne dass andere – ganze Jahrhunderte hindurch – frei gedacht und geschaffen haben«.[109] Jede Arbeitskraft, auch die bürgerliche, hat ihren Preis. Der Preis der bürgerlichen Belegschaft ist *politisch*.[110] Er misst sich nicht am Aufwand, der zur Wiederherstellung der Arbeitskraft notwendig ist, wie es für die proletarischen Arbeit der Fall ist. Er misst sich an der realen oder unterstellten Macht des Bürgertums und an seiner »kollektiven Verpflichtung«[111], die *Kultur* zu verteidigen, das heißt die ideologische Reproduktion des Kapitalismus zu stützen. Diese Transaktion *ist* legitim. Doch wird sie in sämtlichen Reden empathisch geleugnet.

Dritte Einschränkung: Man glaubt an die Ehrlichkeit. Man scheidet die »wahren Literaturen« von den »verlogenen.« Man warnt vor »Lügen« und »Heuchelei«: Sie schadeten der »geistigen Fruchtbarkeit einer Nation«.[112] Dabei vertraut man seinem Tagebuch an, man glaube diesen Ermahnungen nicht. Auch seine Kritik der Heuchelei heuchelt der Bürger. Immanuel Wallerstein sagt es sehr schön: In der Ideologiekritik – das heißt in der Kritik seiner *eigenen* Ideologie – ist das Bürgertum »absichtlich unaufmerksam«.[113]

Man wird mir deswegen ein paar Stichpunkte zum Jahr 1935 verzeihen, die zur Objektivierung der Epoche unerlässlich sind und ein schematisches Bild davon geben, was sich jenseits dieser gediegen echauffierten Öffentlichkeit ereignet. In den Pariser Straßen wüten die notorischen »gewaltsamen Streiks« der kommunistischen Gewerkschaften. Die faschistischen »Feuerkreuzler« belagern wiederum die französische Abgeordnetenkammer, es gibt Hunderte Verletzte. Im Parlament – und kurz darauf in zahlreichen devoten Dissertationen – wütet man gegen den ausländischen »Abschaum« (»la racaille«[114]) und die »Kanaken« (genau: »les métèques«[115]), die im Juli schließlich per Dekret aus der französischen Ärzteschaft ausgeschlossen werden.[116] Im Mai streiken zweitausend Arbeiterinnen der Luxushäuser Chanel, Nina Ricci und Lanvin aus Protest gegen ihre brutalen Arbeitsbedingungen und die Gewalttaten ihrer Herrinnen (es wurde in diesen Häusern routinemäßig erwartet, sich nach den Näharbeiten noch ein paar Stunden zu prostituieren, um den Hungerlohn etwas aufzustocken[117]). Der Bestsellerautor und Medizin-Nobelpreisträger Alexis Carrel empfiehlt im September, Straffällige »auszupeitschen« sowie »Lügner« und »Diebe« (die Chiffre ist für seine Leserschaft völlig transparent; er meint damit Juden) »in Gaseinrichtungen zu euthanasieren«.[118] Im Oktober unterzeichnen Mitglieder der Académie Française (zu der Pétain seit 1929 gehört) ein Manifest zur Unterstützung der Invasion Äthiopiens durch das faschistische Königreich Italien.

André Breton selbst hatte von den Organisatoren der *Konferenz* Redeverbot erhalten. Die Vorgeschichte ist bekannt – sie verdeutlicht den unfeinen Unterschied zwischen dem, was die Surrealisten »antifaschistisches Geplapper«[119] nennen, und ihrer Bereitschaft zur gewalttätigen Desymbolisierung des Politischen. Breton hatte kurz vor der *Konferenz* den stalinistischen und homophoben Dichter Ilja Ehrenburg auf der Rue Montparnasse geohrfeigt, weil er in seinem Buch *Mit den Augen eines Schriftstellers der UdSSR* die Gruppe diffamiert hatte: »Die Surrealisten wollen Hegel und Marx und die Revolution, aber was sie nun einmal gar nicht wollen, ist arbeiten. Sie haben so ihre Beschäftigungen. Sie studieren, zum Beispiel, die Päderastie und die Träume.«[120] Richtig. Richtig, sie wollen die Revolution, sie wollen nicht arbeiten und sie studieren die Päderastie und die Träume. Dass dies ihnen wiederum zum Vorwurf gemacht wird, zeigt den abgrundtiefen Graben, der die Kommunistische Partei von den Surrealisten 1935 trennt.

Wie zentral die Unterscheidung von Geschwätz und Gewalt, von Symbolisierung und Desymbolisierung für das surrealistische Selbstverständnis war, davon zeugt das zweite *Manifest* mit geradezu obsessivem Nachdruck. Breton betont wiederholt, dass »eine endlich bewohnbare Welt«[121] (das heißt: bewohnbar für alle) nur dann entstehen kann, wenn die Dissoziativität und Trivialität des bürgerlichen Wirklichkeitsverständnisses endlich wieder gegen ein Wissen um den Tod ausgetauscht wird. Allein die Gewissheit, dass der »désespoir humain«, die »letzte Verzweiflung des Menschen«, *real* ist, rechtfertigt es, »mit Revolvern in den Fäusten die Straße runterzugehen und blindlings so viel wie möglich in die Menge zu schießen«. Weiter:

> Die Berechtigung zu einer solchen Handlung ist meines Erachtens keineswegs unvereinbar mit dem Glauben an jenen Glanz, den der Surrealismus in unserem tiefsten Innern zu entdecken sucht. Ich habe hier nur der menschlichen Verzweiflung Raum schaffen wollen, denn diesseits von ihr vermag nichts diesen Glauben zu rechtfertigen: Unmöglich, diesem seine Zustimmung zu geben und nicht ihr. Wer vorheucheln würde, in diesem Glauben zu leben, ohne dabei diese Verzweiflung wahrhaft zu teilen, würde sich in den Augen der Wissenden bald als *Feind* entlarven.[122]

Das *Wirklichkeitsverständnis der Feinde* bezeichne ich im Folgenden als Realismus™. Die Rhetorik und die Objekte der Feindschaft stammen, wohlgemerkt, von Breton, Aragon, Péret, Crevel und Desnos, nicht von mir. Trotzdem soll die Losung Realismus™ ein komplex organisiertes, in sich mehr oder minder schlüssiges Wirklichkeitsverständnis kenntlich machen, das man mit Karl Mannheim als die »totale Bewusstseinsstruktur« jener Schicht bezeichnen kann, die »als Kaste organisiert ist und das Recht der Predigt, Lehre und Weltinterpretation monopolisiert«.[123] Etwas moderner ausgedrückt: Der Realismus™ ist ein *hegemonialer kognitiver Stil* dominanter Schichten.[124]

Das Zeichen »™« ist ein Kainsmal und weist auf den halb offiziellen, halb offiziösen Charakter des bürgerlichen Realismus™. Im Unterschied zu registrierten Warenmarken® ist der Realismus™ eine unregistrierte Warenmarke: Wie jeder Segen wird sie bloß vorläufig gewährt, gilt nur im Gewohnheitsrecht und hat keine eingetragenen Urheber. Für die Trivialisierung, Entmachtung und Kommodifizierung der Realität, die der Realismus™ besiegelt, ist zudem entscheidend, dass niemals ein Offizialisierungsprozess angestrebt wurde. Wo offiziell eingetragene Marken® die »Ursprungsidentität« einer Ware garantieren, um die »Verwechslungsgefahr von Waren und Dienstleistungen anderer Herkunft« auszuschließen (so die elegante Formulierung des Europäischen Gerichtshofs[125]), müssen die Bürger, das heißt nach Mannheim die *total Bewusstseinsstrukturierten*, den Realismus™ mit dem plebejischen Realismus zwingend verwechseln können.

Ein Realist™ ist wiederum Hort jener Lähmung, die auch dann noch durchschlägt, wenn er rumbockt. Im Wesentlichen ist seine Bewusstseinsstruktur von drei historischen Austauschprozessen geprägt. Erstens opfert er einen Teil seiner geschichtlichen Handlungsfähigkeit und erhält dafür den Bruchteil eines Gewissens. Zweitens opfert er alle Ansprüche auf persönliche Kohärenz und Folgerichtigkeit, erhält aber dafür eine Identität und die grenzenlose Vermittlungsarbeit des Kapitals, das fortan die unüberschreitbare Grenze seiner Kritikbereitschaft bildet. Drittens opfert er ein adäquates, das heißt von Tod gesättigtes Wirklichkeitsverständnis und erhält dafür eine Realität™, die ihm seine eigene Tötungsunfähigkeit und Unsterblichkeit suggeriert. Ein System, das glaubhaft die Tötungsunfähigkeit seiner Teilhaber vorbringen kann, darf sich schließlich ein *unschädliches* System nennen.

Der Begriff Realismus™ soll dabei ein Missverständnis ausräumen, das die Geschichte der politischen Aufrichtigkeit seit jeher geplagt hat, sofern es eine solche Geschichte überhaupt geben kann. Die Kritik des Realismus™ ist eine Kritik des Realisten™ als Teilhaber an einer gesamtgesellschaftlichen Struktur und nur mittelbar eine Kritik des Realisten™ als moralischem Akteur, dem man hier die Leviten lesen und dort huldigen könnte. Wir argumentieren hier, notgedrungen, über Politik jenseits von Gut und Böse. Die Relevanz einer moralischen Bewertung des Realisten™ für fraglich halten zu müssen, ist erschreckend genug. Einerseits entzieht ihm die gesamtgesellschaftliche Struktur ja die Mittel zur Folgerichtigkeit und zur praktischen Handlungsfähigkeit just in dem Moment, wo sie ihm eine Identität und ein Mindestmaß an Einheitlichkeit schenkt; andererseits ist er sowohl über diese ominöse Transaktion als auch über ihren moralischen Preis informiert. Er kann also nicht darauf bestehen, für das, Vater, was er *nicht tut*, auch noch Vergebung erfahren zu dürfen.

Es ist eine Binse: Wenn alle Welt insistiert, man habe die Realität™ gefälligst zu akzeptieren und sie lieben zu lernen wie die Bombe, so ergreift einen früher oder später jener »Geist der Demoralisierung«, den die *Manifeste* als extremsten Endpunkt der Demütigung erachten.[126] Im Unbehagen seiner Seele, in der Drangsal seines Leibs wird dem Realisten™ aus allen Ecken eingeflüstert, seine Würde hinge von seiner immer *kritischen* Billigung des Bestehenden ab; vom internationalen Gesundheitswesen (»accept the pain that cannot be changed«[127]) bis zum zutiefst Heidegger'schen *Gelassenheitsgebet* der Selbsthilfegruppen, die ihm an allererster Stelle nahelegen, die Dinge bitte hinzunehmen, die er nicht ändern kann, ist der Realist™ von Resignation umgeben. Als Gesunder, als Kranker, noch als Genesender wird ihm als Vorbild der *trockene Alkoholiker* nahegelegt. Der Surrealismus aber will die »Kräfte des Rausches für die Revolution« gewinnen.[128]

4.

Kenntnis der Knechtschaft: Von der Illusion

»Wie aber schaffen Sie sich diese Voraussetzung? Indem Sie sich ständig daran erinnern, wie wichtig die in diesem Buch aufgestellten Grundsätze für Sie sind. Halten Sie sich vor Augen, wie sehr Ihnen das Befolgen dieser Prinzipien in Ihrem Streben nach einem reicheren, erfüllteren, befreidigenderen und glücklicheren Leben helfen wird. Sagen Sie sich immer wieder: »Meine Beliebtheit, mein Glück und mein Selbstbewußtsein hängen zu einem großen Teil von meinem Geschick im Umgang mit Menschen ab.«[129]

Dale Carnegie, *Wie man Freunde gewinnt: Die Kunst, beliebt und einflussreich zu werden*, 1936

Im ersten Jahrhundert vor Christus schreibt der römische Architekturtheoretiker Vitruv, ein Gebäude müsse nicht nur stehen, sondern auch so wirken, als stehe es: Die *firmitas* eines Gebäudes ist doppelt in *Statik* und *Illusion* begründet. Ist die Illusion zerstört, so stürzt das Gebäude ein, ähnlich wie König Ludwig der XV. erst dann die Fähigkeit verlor, Skrofulose durch bloßes Handauflegen zu heilen, als sie ihm selber unglaubwürdig wurde.[130] Laut Vitruv ist ein Gebäude somit »quod significatur et quod significat«[131] – Bedeutung und Bedeutungsträger in einem. Der Ziegelstein trägt die Illusion von Standhaftigkeit, die Illusion von Standhaftigkeit trägt wiederum den Ziegelstein.[132]

Das ist, in Form einer Miniatur, das Axiom jeglicher formalen Gesellschaftsordnung. Um tragfähig zu wirken, müssen gesellschaftliche Grundsätze tragfähig sein (Akkumulation, Markwirtschaft, Privateigentum, »freie Lohnarbeit« usw.). Um tragfähig zu sein, müssen gesellschaftliche Grundsätze wiederum auf einem Glauben an ihre Tragfähigkeit beruhen.

Formal organisierte Gesellschaften explizieren solche Grundsätze, obgleich mit stark unterschiedlicher Deutlichkeit. Sie verklausulieren sie in Verfassungspräambeln oder vermitteln sie durch standardisierte Umgangsformen. Heute werden solche Grundsätze meistens *gemessen*: Bruttoinlandsprodukt (hier lebt es sich gut), Lebenserwartung (hier lebt es sich lang), Alphabetisierungsrate (hier lebt es sich schlau). Oft *outsourcen* Gesellschaften die Explizierung und Kritik ihrer Grundsätze an die Gelehrten. Bei Castoriadis heißen sie dann »das Imaginäre«, bei Marx »die Ideologie«, bei Freud »Tabus« usw.[133]

Dabei sind all diese Grundsätze stets davon bedroht, mehr oder weniger abrupt an Glaubwürdigkeit zu verlieren; die schematischen Institutionen einer Gesellschaft, ihre Werte, Ideale und ethischen Abstraktionen können immer Objekt des *Un*glaubens werden – und versagen. Émile Durkheim nennt das »Anomie«: eine Desintegration sozialer Normen und sozioethischer Schemata.[134] Nichts Geringeres ereignet sich in prärevolutionären Situationen, in denen Bevölkerungen plötzlich entdecken, dass die *firmitas* ihrer Gesellschaftsordnung instabil ist und auf der Statik der nackten Gewalt, des unsteten Glaubens oder des trägen Herzens ruht.[135]

So ist jede Gesellschaft darauf angewiesen, nicht nur die Deckungsgleichheit von Illusion und Statik dauernd unter Beweis zu stellen und mögliche Diskrepanzen zwischen beiden unter den Teppich zu kehren, sondern sie muss auch die prinzipielle Zerbrechlichkeit ihrer Grundsätze negieren. Jede Gesellschaftsordnung besteht nicht zuletzt aus der organisierten Verkennung ihrer eigenen Fragilität.[136]

Die Frage – und es ist die surrealistische Frage schlechthin – ist folglich, ob die Glaubwürdigkeit einer gesellschaftlich instituierten Wirklichkeit auf Statik oder Illusion gründet, das heißt ob »die Wirklichkeit« aus Gebäuden oder Gespenstern besteht und wie diese Wirklichkeit folglich veränderbar ist. Als Fragment einer rudimentären Gesellschafts- und Revolutionstheorie erlaubt der Lehrsatz Vitruvs indessen vier mögliche Aggregatzustände:

1) Die Gesellschaft steht und wirkt standhaft.
2) Die Gesellschaft steht, aber wirkt nicht standhaft.
3) Die Gesellschaft steht nicht, aber wirkt standhaft.
4) Die Gesellschaft steht nicht und wirkt nicht standhaft.

Im ersten Fall erkennen wir die Gesellschaft als Grundbegriff, Idealität und Machtwort, im zweiten die Gesellschaft als Gefährdete, im dritten die Gesellschaft als Gespenst, im vierten die Gesellschaft als Geröll. Allesamt schöne surrealistische Motive.

Der erste Fall (die Gesellschaft steht und wirkt standhaft) existiert, von den anschwellenden Brustkörben mancher Patrioten abgesehen, ausschließlich in Büchern. In den »Systemen«, »Regimes« oder »Staaten«, die die politische Philosophie seit Platon ausbuchstabiert hat, sind Statik und Illusion, Bedeutung und Bedeutungsträger strikt identisch. (In dieser Hinsicht sind die abstrakten Staatsformen, die die politische Philosophie beschreibt, immer einer Achterbahn ähnlich: Die Identität von Statik und Illusion ist unabdingbar, um in sie vertrauensvoll einsteigen zu wollen. Dafür kann man aber allein aus einer *realen* Gesellschaft bei voller Fahrt aussteigen, das heißt Revolution machen).

Der zweite (Die Gesellschaft steht, aber wirkt nicht standhaft) und der dritte Fall (Die Gesellschaft steht nicht, aber wirkt standhaft) bilden klassische Krisenszenarien. Sie werden oft antitotalitär aufbereitet und als paradoxer Schulkantinenrollmops serviert; entweder am Beispiel des bürokratischen Spätkommunismus und seiner unheimlichen »Potemkinschen Dörfer« (die gespenstische Gesellschaft) oder am Beispiel eines beliebigen »Werteverfalls«, der eine sonst ungebrochene, doch bedrohte »Wachstumsgesellschaft« heimsuchen mag (die gefährdete Gesellschaft).

Der vierte und letzte Fall (die Gesellschaft steht nicht und wirkt nicht standhaft) ist Grundlage und Gebiet der Utopie und entsprechend umkämpft. Er bildet in der Zwischenkriegszeit den impliziten Hintergrund der bürgerlichen Aufmüpfigkeit, die in den Ruinen des Ersten Weltkrieges ihre Blankovollmacht sieht: Es ist immer von Vorteil, offene Türen einzurennen. »Aus Ruinen«, schreibt Paul Éluard, baut die alte Vernunft, die zum Krieg geführt hat, schließlich immer neue »Monumente«.[137]

Anders als die überwältigende Mehrheit der europäischen Intellektuellen[138] hüteten sich die Surrealisten davor, in der unmittelbaren Nachkriegszeit den vierten Aggregatzustand Vitruvs zu erkennen. Die Ruinenlandschaften des europäischen Territoriums verbrieften laut Breton, Aragon und Péret nicht den Bankrott, sondern die ungebrochene Potenz des bürgerlichen Kapitalismus. Die Trümmer von 1914–1918 waren von pharaonischen Kriegsausgaben finanziert worden, die das System auch in Zukunft wieder tätigen könnte (und auch bald wieder tätigen würde). Die patriotische Wende ehemals internationalistischer Schriftsteller hatte wiederum bewiesen, wie fest die verwegensten Universalitätsfantasien in nationalen Ressentiments verankert geblieben waren (und bis heute verankert geblieben sind).[139] Obwohl das intellektuelle Bürgertum sich 1918 in seinen Ruinen suhlte und einen (auf alle Fälle nichtrevolutionären) Neubeginn als unausweichlich erachtete, erwiderten die Surrealisten, dass die politische Vitalität Europas – ihre *firmitas* – nach wie vor in Statik oder Illusion gründet. Eins von beiden, Gebäude oder Gespenst, sei offenbar noch tragfähig, da sich an der erfahrbaren, alltäglichen Wirklichkeit grundsätzlich wenig geändert habe.

Für den Großteil der europäischen Bevölkerung war diese Kontinuität ohnehin unleugbar geworden, wie die Surrealisten pausenlos proklamieren. Nicht beruflich dichtende, nicht beruflich kommentierende Menschen hatten die *justesse* des surrealistischen Einwands längst am eigenen Leib erfahren müssen. Erst als Kanonenfutter, dann als Konsum- und Konsensfutter musste der Großteil der Bevölkerung die Gleichheit von bürgerlichem Frieden, bürgerlichem Krieg und kapitalistischem Bürgerkrieg konstatieren: »In der bürgerlichen Mundart hat nichts mehr Sinn [...]. Imperialistischer Krieg und imperialistischer Frieden gehen ineinander über«[140] (der Surrealist René Crevel, »als Rebell geboren, wie andere mit blauen Augen geboren sind«[141], 1933. Sein Selbstmord drei Tage vor dem *Schriftstellerkongress* markiert den Endpunkt der Hauptphase des Surrealismus). Die Kongruenz von Krieg und Frieden, die Fortführung des Bürgerkriegs *im* bürgerlichen Frieden heißt für die Surrealisten letztlich immer:

Hier, im pazifizierten Normalzustand, wird weiterhin real gestorben und real getötet – nur hat die Gesellschaft die Verkennung ihrer eigenen Endlichkeit und Todesaffinität tragfähig organisiert.

Die Surrealisten verstehen sich mit Rimbaud und Lautréamont als lautstarke »Kriegsdefaitisten«.[142] Die Katastrophe von 1914–1918 ist als Ausdruck einer tieferen, dauerhafteren Krise zu verstehen, die lange vor und lange nach den Feldzügen und Bombardierungen in jeder noch so pazifizierten Existenz wütet. Durch einen kolossalen Imaginations- und Interpretationsakt muss diese Krise schließlich verschärft und für die Revolte gewonnen werden: »In unseren Augen war das Feld nur für eine unwahrscheinlich radikale Revolution frei, die sich auf wirklich jeden Bereich erstrecken würde«, schreibt Breton 1934.[143] So ist das Ziel des Surrealismus, »eine *Bewusstseinskrise* allgemeinster und schwerwiegendster Art auszulösen«[144], nur mit apokalyptischer Genauigkeit zu erreichen, dies sowohl in den Gesellschaftsanalysen, die die Surrealisten ab 1924 unternehmen, als auch in der poetischen Arbeit der Kerngruppe.

Das Vitruv'sche Theorem schafft hierbei zumindest eine schematische, flimmernde Klarheit.* Mit ihm lässt

* Statik, Illusion, Wörter, Taten, das sind alles barbarische Kategorien. Das sind aber auch die, auf die jenes pro-revolutionäre Bürgertum zurückgreifen konnte, für das ein Anschluss an die Kommunistische Partei ausgeschlossen war. Meine Wahl Vitruvs als Schutzpatron des Surrealismus, statt mich vertrauterer Schemata der politischen Moderne zu bedienen, bildet einen Versuch, der Ausweglosigkeit *und* assoziativen Fantasie dieser zweifelhaften Position nicht im Wege zu stehen. Wir wollen keinen *schlechten Leninismus* betreiben und dem revolutionären Bürgertum keinen Klassendiskurs in den Mund legen, zu dem es nie ernsthaft fähig gewesen ist. Für die bürgerliche

sich eine revolutionäre Politik umreißen, die ebenso hinkend und ebenso defizitär ist wie die Gesellschaft, die sie abzureißen sucht. Für die Surrealisten gilt es, das Vitruv'sche Theorem als Waffe zu nutzen, um die *Realität*™ und zugleich das *Bild der Realität*™ zu beschädigen.

a) Organisierte Heuchelei: Von der Animal Farm zur Animal Firm

> »Ihre Weigerung, sich jeder grundlegenden Frage
> fair zu stellen – sei es über Menschen oder Gott –,
> mag auf den ersten Blick wie Feigheit erscheinen;
> aber ich glaube, es war einfach das Ergebnis
> einer angeborenen Unfähigkeit zur Durchdringung –
> sich entweder aus sich selbst heraus oder in irgendetwas
> oder irgendjemand anderen hineinzuversetzen.
> Sie waren in Glas eingeschlossen. Wie unerträglich!
> Haben Sie auch bemerkt, dass sie fast alle impotent waren?«[145]
>
> Lytton Strachey, Brief an John Maynard Keynes
> über die Viktorianischen Intellektuellen, 1906.

Ich wiederhole kurz. In Kapitel 2 hieß es, das Glück des Bürgertums wolle nicht nur wachsen und legitim sein, sondern in seinem Verhältnis zum historisch wachsenden Unglück anderer Schichten auch legitim bleiben. Das Bür-

Intelligenz erstrebenswert ist allenfalls, wie Karl Mannheim es formuliert, »wenn auch nicht zu einem Klassenbewusstsein, so doch zum klaren Bewusstsein ihrer Lagerung und der daraus entstehenden Aufgaben und Möglichkeiten« zu gelangen. Für derart bescheidene Ziele sind, aus deskriptiver Sicht, alle analytischen Mittel zulässig, altrömische Architekturtheorie einbezogen. Mannheim, *Ideologie und Utopie*, S. 139–140.

gertum beansprucht für sich ein *Recht* auf Glück, welches fortan vom Gelingen diverser Immunisierungsstrategien gegen Kritik und – vor allem – Selbstkritik abhängt. In Kapitel 3 argumentierte ich, dass die dauerhafte Legitimation des bürgerlichen Glücks sich auf drei *Dissoziationsstrategien* stützt. Der Bürger trennt erstens sein Gewissen von seiner geschichtlichen Handlungsfähigkeit, zweitens lernt er, über-sich-selbst-als-über-einen-Anderen zu verfügen, drittens eignet er sich einen infantilen Wirklichkeitsbegriff an, aus dem die lauernde *Möglichkeit des Sterbens und des Tötens* auch dann noch verbannt bleibt, wenn er diese zu denunzieren sucht.

In der Zwischenkriegszeit waren die erheblichen Spannungen zwischen gesellschaftlicher Statik und gesellschaftlicher Illusion, das Gefälle zwischen den gesellschaftlichen Tatsachen (man ließ verhungern) und den klassischen bürgerlichen Symbolisierungsleistungen (man hatte trotzdem eine »Kultur«) für ganze soziale Schichten offenkundig geworden. Die Kritik der »Heuchelei«, als Chiffre der elementaren Struktur der bürgerlichen Gesellschaft, ermöglicht es den Surrealisten, *im selben Zug* diese Gesellschaft zu beschreiben und eine revolutionäre Gegenstrategie zu entwerfen.

Machen wir an dieser Stelle einen kurzen Vorgriff in die Sozialgeschichte, um uns dann der surrealistischen Fundamentalkritik an bürgerlichen Dissoziationsleistungen wieder indirekt zu nähern.

Einen Vorgriff, weil neben dem Bürgertum auch gegenwärtige Großunternehmen gelernt haben, ähnliche Selbstwidersprüche auszuhalten, ohne dabei einzustürzen. Die Organisationssoziologie, das heißt die Teildisziplin der Soziologie, die sich mit Firmenstrukturen und -prozessen beschäftigt, hat solche Widersprüche als elementare

Herausforderungen wirtschaftlichen Handelns begriffen. Zum einen nämlich müssen Unternehmen rational und gewinnorientiert handeln; zum anderen müssen sie diverse, historisch variable, von außen herangetragene Normen widerspiegeln – Verantwortlichkeit, Transparenz, Legalität usw. –, die theoretisch wie praktisch jeder Gewinnmaximierung in die Quere kommen können. Steigt der Druck auf Unternehmen, sich solchen organisationsexternen Normen zu beugen, steigt auch die Wahrscheinlichkeit, dass sie auf lukrative Profitquellen verzichten müssen. Gewinnorientierte Unternehmen verfolgen aus diesem Grund zwar verschiedene, doch durchaus kongruente Strategien, um ohne Gewinneinbußen ihre Verhaltenskonformität zu demonstrieren.

Seit den 1980er Jahren verwendet die Organisationssoziologie dafür zunehmend den Fachterminus der *organisierten Heuchelei* (»organised hypocrisy«[146]). Dieser umfasst diverse Strategien. Von Vitruv gut beraten bauen Unternehmen beispielsweise sogenannte »symbolische Fassaden«, wie McDonald's, das 2019 neue Papierstrohhalme einführte, die sich aber schließlich als nichtrecyclebar erwiesen. Andere stellen sie sich als moralische, pseudoethische Subjekte dar und gründen progressive Initiativen, wie Nestlé, das massiv in die Bekämpfung von Kindersklaverei in der Elfenbeinküste investierte und gleichzeitig wegen Vorwürfen der Beihilfe zur »Kindersklaverei«[147] vor dem U.S. Supreme Court stand – Sammelklage abgewiesen. Oft entkoppeln sie rein formal ihren Organisationskern von ihren Lieferketten. Die 14 Angestellten der Hon Hai Precision Industry Co., die sich allein 2010 vom Dach ihrer Fabrik in Shenzhen in den Tod stürzten, schraubten bis zum Selbstmord für Apple Inc. an deinem iPhone und packten es, *hypocrite lecteur, mon semblable, mon frère,* wie eine edle Praline ein, damit du beim *unboxing* endlich wieder ein nennenswertes ästhetisches Erlebnis hast – es wird gestorben, nicht bei, sondern für Apple. Es wird somit anders gestorben als *wirklich*.[148]

Diese Entkopplungsmechanismen und »symbolischen Fassaden« bilden die Heiligenbilder der kapitalistischen Moderne. Sie kitzeln aus dem Konsumenten noch dann kleine Glaubensbekenntnisse heraus, wenn der Glaube an das große Ganze erloschen ist. Die schroffe Religiosität des Realismus™ verlangt der Glaubensgemeinschaft ebenso viel Moralakrobatik wie Herzensschlichtheit ab, um den notwendigen Zusammenhalt des sozialen Körpers zu garantieren.

Das Motiv hat Tradition. Schon vor den Surrealisten und ihrer *»antireligiösen Aktion«*[149] bemerkt Heinrich Heine 1843 im Pariser Salon, dass »der Geist der Bourgeoise« mittlerweile alles durchdrungen habe und bürgerliche Maler den Kapitalismus von der Frömmigkeit bzw. die Habsucht von der Pietät kaum noch zu unterscheiden vermögen. So eine im Salon hängende *Geißelung Christi*, »deren Hauptfigur, mit ihrer leidenden Miene, dem Direktor einer verunglückten Aktiengesellschaft ähnlich sieht, der vor seinen Aktionären steht und Rechnung ablegen soll«.[150] Schon Mitte des 19. Jahrhunderts illustrieren solche Passionsgemälde nicht nur, wie später auch allerlei symbolische Fassaden, die Gleichrangigkeit und Konvertierbarkeit von Währung und Weihrauch, von Reichtum und Reue, sondern üben auch den Betrachter in *Scheinheiligkeit* ein.

Die Notwendigkeit, die symbolische Oberflächenstruktur eines Unternehmens von seiner operativen Tiefenstruktur zu trennen, hat im progressiven Kapitalismus endemische Ausmaße erreicht.[151] Im Gegenzug ist aber *die* *soziale Toleranz für soziale Paradoxien* gewachsen: Organisierte Heuchelei wird von einer Öffentlichkeit geduldet, die eklatante Diskrepanzen zwischen symbolischer Schauseite und institutioneller Kehrseite zur Kenntnis nimmt, ohne jedoch solche Diskrepanzen zum Gegenstand einer kollektiven und konsequenten Reflexionsarbeit zu machen.*

Der zynische Rückgriff der modernen Unternehmensführung auf die fast klassizistische Figur der bürgerlichen Heuchelei erlaubt uns wiederum ein paar Bemerkungen festzuhalten, um die surrealistische Kritik an bürgerlichen Dissoziationserscheinungen einzurahmen:

1) Die Institutionalisierung der Heuchelei als unternehmerische Antwort auf divergierende gesellschaftliche und ökonomische Ansprüche stellt nicht zwingend ein *moralisches* Fehlverhalten dar, sondern kann eine rationale Strategie sein, um diese Widersprüche zu bewältigen und Verhaltenskonformität zu suggerieren. Auf Strategien können unterdessen Gegenstrategien losgelassen werden. Die organisierte Heuchelei der bürgerlichen Klasse ist ab 1924 von Surrealistenkötern umbellt.

2) Theoretisch muss organisierte Heuchelei nicht einmal zwingend *intentional* sein. In einer arbeitsteiligen Firma, wie auch in einer arbeitsteiligen Gesellschaft, in

* Die »organised hypocrisy« ist mit den funktionalen Regelabweichungen verwandt, die für den geschmeidigen Ablauf unzähliger institutioneller Prozesse unerlässlich sind. Bei Letzteren, die Luhmann als eine Form der »brauchbaren Illegalität« bezeichnete, werden meist organisationsinterne Regeln zum Wohle der Organisation ignoriert: Anträge werden nachdatiert, Vergünstigungen gewährt, Schmiergelder geduldet, solang sie Aufträge sichern, usw. Wer Vorschriften peinlich genau befolgt, schadet der Organisation. Siehe dazu: Stefan Kühl, *Brauchbare Illegalität: Vom Nutzen des Regelbruchs in Organisationen*, Frankfurt a. M. 2020, S. 10–25.

der unterschiedliche Akteure unterschiedliche Aufgaben erfüllen (manche reden auf Kongressen, andere sind in der Elfenbeinküste im sog. *Personalwesen* tätig), kann theoretisch jeder wirklich glauben, das Richtige zu tun. Es wird damit möglich, dass sich quasievolutionär eine Organisations- bzw. Gesellschaftsstruktur herausbildet und ausdifferenziert, in der alle Individuen individuell aufrichtig sind, in der aber alle Individuen erst im arbeitsteiligen Zusammenspiel als ein kollektives heuchlerisches Subjekt agieren. Solch eine *Balkanisierung von Organisations- und Gesellschaftsstrukturen* mag eine gewisse Funktionalität ihrer Fassaden sichern. Betrachter können kollektiv an die Aufrichtigkeit einer Organisation und an die Folgerichtigkeit ihrer Entscheidungen glauben (Frage an die Muttersprachler: Gibt es das Verb *leichtglauben?*).

3) Diese nichtintentionale Heuchelei ist allerdings ein Ausnahmefall. In einer von Kritik und Einsicht durchtränkten Gesellschaft – in einer *reflexiven* Gesellschaft – besteht der Normalfall darin, dass die Betrachter einer jeglichen symbolischen Fassade *wissen*, zumindest *ahnen*, dass es sich um eine symbolische Fassade handelt. Das zeigen wahlweise die Tagebücher der Redner des *Schriftstellerkongresses* von 1935 oder die gegenwärtige Popularität des Vorwurfs gegen Unternehmen, sich lediglich ein grünes oder queeres Mäntelchen übergeworfen zu haben, um Kritik zu überstehen, statt strukturelle Transformation zu bewerkstelligen. Das »hinsehende Wegsehen« und »wegsehende Hinsehen« des Betrachters antwortet auf das *hiding in plain sight* der Organisation.[152] Man trifft sich in der Mitte, in einem synthetischen Oxymoron, am Indifferenzpunkt von Täuschungskompetenz und Vertrauensseligkeit. Hier werden also keine Organisationsstrukturen balkanisiert, sondern Hirne.

4) Die Fähigkeit, hinsehend wegzusehen bzw. wegsehend hinzusehen, ist sozial ungleich verteilt. Die Vitruv'sche Illusion ist nicht für alle gleichermaßen glaubwürdig. Weder besitzt jeder die psychopolitischen Ressourcen, um auf einem Kongress zu bejahen und im Tagebuch zu verneinen, noch hat jeder zu den Orten Zugang, wo solche extremen Dissoziationsleistungen praktiziert, geduldet und verlangt werden. Die Fähigkeit, heuchlerische Strukturen und Handlungen als solche zu durchschauen, um im zweiten Schritt die Illusion der Auf- und Folgerichtigkeit zu denunzieren, kann dennoch prinzipiell universalisiert werden. Betrachter *können* eine Kenntnis der Täuschung erwerben.

5) Die bürgerliche *Animal Farm* und die unternehmerische *Animal Firm* sind also strukturell kongruent. Die historische Erscheinung »Bürgertum« ist zumindest insofern eine unternehmerische Struktur, als sie heuchelt. Umgekehrt hat die historische Erscheinung »Unternehmen« zumindest insofern eine bürgerliche Struktur, als sie nur selten auf Heuchelei verzichten kann, um zugleich verhaltenskonform *und* profitabel zu funktionieren. Das moderne Unternehmen ist ein historisches Produkt des kapitalistischen Bürgertums, das wiederum dem privaten Heucheln einen strukturellen Modernisierungsschub und eine institutionelle Form gab. Das Bürgertum darf somit nicht nur als Klasse aufgefasst werden, sondern immer auch als »corporate body«[153] (Pierre Bourdieu) oder »Kartell«[154] (Ivan Illich), das sogar dann noch strikt korporatistische Interessen verfolgt, wenn es sich ostentativ humanitär gibt. So entfällt für die Zwecke dieses Abschnitts die Notwendigkeit, die Gretchenfrage zu beantworten, das heißt das Bürgertum überhaupt klassentheoretisch zu definieren; bürgerlich ist der, der heucheln muss, um seine dominante Stellung in einer kritikfreundlichen Gesell-

schaft zu bewahren, ganz gleich, ob er es als Bestandteil einer Organisation oder als Privatier tut.

6) Noch eine Binse: Die organisierte Dissoziation von Wort und Tat, diese symbolische Gewalt dominanter Schichten, steht primär im Dienst der Kapitalakkumulation und der Zementierung von spezifischen, partikularen Interessen und nicht im Dienst der Universalisierung von Freiheit, der Erweiterung von Gerechtigkeit oder der Sicherung von Frieden und Nachhaltigkeit. *Corporate bodies* täuschen Kunden, Investoren, Mitarbeiter und sich selbst, um Kapital und Macht zu sichern. Von symbolischen Fassaden haben Kindersklaven nichts. Allein für Zaungäste werden symbolische Getriebe symbolisch geölt, und zwar mit jeder griffbereiten Tinktur: Fassaden, Kniefälle, Sack und Asche, Qualitätssicherungsinitiativen, Compliance-Verfahren, Hashtags, Canossagänge, etc. ...

Zum Abschluss: Mit der zunehmenden Komplexität gesellschaftlicher Prozesse nimmt auch die Komplexität der Selbsimmunisierungsmechanismen zu, derer Bürger sich bedienen können, um ihre *eigene* Verhaltenskonformität zu demonstrieren, ohne dabei die Profitabilität ihres *eigenen* Handelns zu gefährden. Kollektive und individuelle Profitabilitätssicherung sind mit kollektiver und individueller Konformitätssicherung eng verzahnt. Im Normalfall ergeben sich *glückliche Fügungen*, die system- und subjekterhaltend wirken. Dennoch impliziert das Gefälle zwischen Wort und Tat, zwischen symbolischer Fassade und materiellen Tatsachen bei zunehmender Systemkomplexität immer umständlichere moralische und strukturelle Strapazen. Ein Gefälle will eingerichtet werden. Das kostet Nerven.

Unter Umständen übersteigt das Gefälle zwischen Symbol und Tatsache bzw. die Diskrepanz zwischen *significatur* und *significat* jede Vorstellungskraft, und zwar allein schon auf Grund der überwältigenden Vielheit der Fassaden und Tatsachen, die dem Bürger während seines irdischen Wirkens in einem Kaleidoskop von Anklage und Freispruch zuströmen. Auch dann, wenn er sich um seine Informiertheit und Aufrichtigkeit bemüht, kann er immer glaubwürdig vorbringen, die Grenzen seiner Informiertheit und Aufrichtigkeit seien längst überschritten: Das Ganze ist nicht mehr ganz zu begreifen, das Ganze ist nicht mehr ganz zu verantworten. Anders gesagt hat das Zivilisations- und Managementprinzip der »organisierten Heuchelei« eine eigenartige ethische Konsequenz: Je aktiver sich der Bürger an der Errichtung symbolischer Fassaden beteiligt, desto schuldunfähiger wird er. Die sprichwörtliche »Scheiße«, die er »baut«, wird für ihn einfach zu groß. Er wird in demselben Maß Opfer des Gefälles, wie er sich zum Opfer des Gefälles gemacht hat.[155] Er ist in der famosen Position des Angeklagten, dessen Verbrechen zugleich mildernde Umstände sind.

b) Kleine Märchenkunde

»Das Unvorstellbare ist nicht das Unmögliche, aber das Vorstellbare ist das Unmögliche«[156]

Gabriele Goettle, »Gedicht mit Perspektive«, *Die Schwarze Botin*, 1976

Durch ihr Quasimonopol der legitimen Kritik und der legitimen Rechtfertigung verwalten dominante Schichten das Gefälle zwischen Symbol und Tatsache, zwischen der Schauseite der Welt und der Kehrseite der Herrschaft. Dort, im Schatten mittelguter Absichten, gedeiht die Heuchelei.

Die Surrealisten teilen allesamt eine strategische Obsession: *Das Gefälle soll unbewohnbar werden.* Es handelt sich letztlich um eine Form der halb immanenten, halb transzendenten Kritik. Immanent, weil sie das System mit seinen eigenen Normen konfrontiert, nicht mit den Normen der Kritiker: Es *gibt* eine Schauseite und eine Kehrseite, die sich irgendwie zueinander verhalten sollen (möglichst soll die Kehrseite ganz unsichtbar bleiben). Transzendent jedoch, weil diese Kritik an das System Kohärenzerwartungen stellt, die nicht seine eigenen sind: Schauseite und Kehrseite *müssen* deckungsgleich sein.

Die Diskrepanz zwischen Schauseite und Kehrseite ist oft kaum wahrzunehmen. Gesellschaftliche Akteure, das Bürgertum einbezogen, müssen die Fassaden für Tatsachen halten können und – vielleicht ebenso wichtig – die Tatsachen für Fassaden. Noch heute gehören solche Gefälle zu jeder politischen Ordnung und jeder politischen Hoffnung. Sie begründen alle tröstlichen Verweise auf eine baldige Synthese von Symbol und Tatsache. Man bittet um Geduld. Man geduldet sich. In der Zwischenzeit eignet man sich die Vertagung behaglich an und macht es sich in der Gegenwart gemütlich, so gut es geht. Zuweilen sticht man sich gegenseitig aus: Kritik der politischen Ökonomie gegen Diversitätspolitik, Partikularismus gegen Universalitätsansprüche usw. Hier, entlang dieser rituellen Zäsuren und nur entlang dieser, hat man sich zu zerfleischen. Der lautstark herbeigesehnte Brückenschlag zwischen politischer Ökonomie und Emanzipation, zwischen »Materie« und »Weinlaub« (Bloch), zwischen Antifaschismus und Antikapitalismus gelingt in der Regel nicht. Insofern geduldet man sich meist vergeblich.

Die Surrealisten schleudern dem Ganzen ein großes *vaffanculo* entgegen. Sie überlassen dem progressiven Bürgertum die spekulative Arbeit an ihren großen Synthese- und Dissoziationsleistungen. Dafür propagieren sie in ihren Schriften und Aktionen jene Orte und Momente, wo solche Brückenschläge *trotz Bürgertums* gelingen konnten. Breton beschreibt die Ausgangslage im Manuskript seiner *Schriftstellerkongress*-Rede:

> Nicht durch stereotype Erklärungen gegen den Faschismus und den Krieg wird es uns gelingen, den Geist oder den Menschen von den alten Ketten, die ihn behindern, und von den neuen, die ihn bedrohen, für immer zu befreien. Gelingen wird es uns durch die Bekundung unserer unerschütterlichen Treue zu den Emanzipationskräften des Geistes und des Menschen, die wir nach und nach erkannt haben und für deren Anerkennung wir kämpfen.
> »Die Welt verändern«, sagte Marx; »das Leben ändern«, sagte Rimbaud: Diese beiden Losungen sind für uns nur eine.[157]

Geistige (Selbst)zensur und politisch-zivilisatorische Unterdrückung sind derart eng miteinander verschlungen, dass die Revolution des Rimbaud'schen »Lebens«, das heißt der Ordnung des Denkens, und die Revolution der Marx'schen »Welt«, das heißt der Ordnung des Sozialen, nur gleichzeitig gemacht werden können. »Selbst die gelungene Revolution«, kommentierte Peter Bürger einst, ist noch ein Scheitern, »insofern sie nicht die Revolution dessen ist, der sie gemacht hat«.[158] Der Gegensatz von Mikro- und Makrotransformation sei immer schon falsch gewesen; in der *revolutionären Arbeit* – zugegeben ein Oxymoron, wie wir sehen werden – seien radikale Existenzbehauptung und radikale Systemkritik deckungsgleich. Die Surrealisten antizipieren hier ein mittlerweile archaisches Axiom des radikalen Feminismus der späten 1960er Jahre, Carol Hanischs »the personal is political«.[159]

Doch mit dem Anspruch, zugleich das »Leben« und die »Welt« zu verändern, antwortet Breton ebenso zielgenau auf die dissoziativen Strukturen, die ich hier (organisationssoziologisch) als »organized hypocrisy« und (sozialgeschichtlich) als »Heuchelei« umrissen habe. Breton greift dabei auf eine Argumentation Marx' zurück, die wesentlich zur Kritik der kapitalistischen Moderne beigetragen hat.

Für den jungen Marx der *Pariser Manuskripte* (1844) wird der Bürger im Kapitalismus von entgegengesetzten ökonomischen und ethischen Normen zerrissen. Zum einen soll er durch ökonomische Askese und Habsucht sein Leben rastlos entäußern: »alles das, was du nicht kannst«, schreibt Marx, »das kann dein Geld: es kann essen, trinken, auf den Ball, ins Theater gehen, [...] es kann reisen, es *kann* dir das alles aneignen«.[160] Zum anderen stellen »Religion« und »Moral«, aber auch ihre Stellvertreterin, »die Kultur«, konträre Anforderungen: Sie halten den Bürger davon ab, seinen Freund als Sklaven zu erachten und »an die Marokkaner«[161] zu verkaufen, obwohl dies folgerichtig dem Gebot der Bereicherung entsprechen würde. Diese dauerhafte Zerreißprobe erscheint dem Bürger wie in die Natur der Dinge eingeschrieben und produziert bald den klassischen Typus des unglücklichen, bürgerlichen, progressiven, zersplitterten Bewusstseins. Unglücklichkeit *ist* Bürgerlichkeit; Bürgerlichkeit *ist* Unglücklichkeit – für Marx wie für Hegel.[162]

Reflexive, mündliche Politik – Politik *tout court* – weicht infolgedessen einer Herrschaftsform, die diese Zerreißproben nutzt. Gelähmt durch die ökonomisch-moralischen

Dilemmata des Kapitalismus (Profit oder Ethik, Welt oder Leben, Freundschaft oder »Marokkaner«) und sich überdies bewusst, dass ökonomische Rationalität und moralisches Pflichtbewusstsein sich eigentlich ausschließen, liefert sich der Bürger jeder Macht aus, die diese Paradoxien *für ihn* löst und auflöst. Gelähmte Subjektivitäten bedeuten Führungsopportunitäten. Ethisch-ökonomische Dilemmata sind herrschaftsrelevant.

Dilemmata werden bis heute meist durch Kommodifizierung entschärft. So bringt in den letzten Jahrzehnten der »ethische Kapitalismus«, ein Oxymoron vor dem Herrn, eine ununterbrochene Flut an ethisch-aufgebauschten Waren und Dienstleistungen auf den Markt, die alle Paradoxien des aufrichtigen Plünderns und des interessierten Altruismus zu entschärfen versprechen. Alles ist im Sortiment, von den üblichen »fair trade«-Produkten, die als Armutsbekämpfungsmaßnahmen weitgehend wirkungslos sind, bis zu den sogenannten »Come and See«-Reisegruppen, wo begüterte Touristen ein paar Tage im singhalesischen Nähatelier mitnähen, mitschwitzen und bemitleiden dürfen, bevor sie nach Bad Rappenau oder Reims zurückgeflogen werden.[163]

Der ethische Kapitalismus, diese oxymoronische Kreatur, lässt sich thesenhaft auf die Problematik der Heuchelei übertragen: Es zirkuliert im »ethischen Kapitalismus« immer ein Quantum *warenförmiger Aufrichtigkeit*. Gehandelt wird, in Form ökonomisch rationaler *und* ethischer Ware, die Erlösung des Bürgers von seinem unglücklichen, zersplitterten Bewusstsein sowie die Zusicherung, ökonomischen und ethischen Zwängen ließe sich gemeinsam in einem synthetischen Kaufakt Genüge tun. Zugleich aber zirkuliert im ethischen Kapitalismus der kolossale Fakt seiner realweltlichen Versautheit; eng mit der *warenförmigen*

Aufrichtigkeit verwoben zirkuliert also ein Quantum *warenförmige Heuchelei*. Gehandelt wird, in Form eines als Ware konkretisierten Dilemmas, die absolute Abhängigkeit des Bürgers von dem System, dem er sowohl seinen Lebensunterhalt als auch seine Moral anvertraut hat. Er wird durch Ware vom psychischen Elend dieser Dilemmata zwar erlöst, erlangt dadurch jedoch keine realweltliche Freiheit. Akkumulieren und gut sein: Beide Pole des ethischen Kapitalismus lasten weiterhin und mit gleichbleibender Schwere auf dem Konsumenten.

Der Philosoph Grégoire Chamayou hat die Konturen eines »dilemmatischen Regierens«[164] beschrieben, das allgemein seit der neoliberalen Konterrevolution, Milton Friedman und Augusto Pinochet essenziell geworden sei und insbesondere die Loyalität progressiver Schichten zu sichern helfe:

> Was die Moral Fehlverhalten nennt, ist nichts als der vollendetste Ausdruck dessen, was die Ökonomie als Wohlverhalten bezeichnet. [...] Die ethische Führung möchte uns einreden, dass die mächtigen Mechanismen der Marktsteuerung durch die individuelle Responsibilisierung entpolitisierter Akteure überwunden werden können. [...] Ökonomische Irresponsibilisierung und ethische Responsibilisierung, konkreter Sittenverfall und abstrakte Aufrufe zu moralischem Verhalten gehören zusammen und bilden ein widersprüchliches Ganzes. Dessen Verlogenheit anzuprangern, reicht nicht: Die in jeder Situation entscheidende Frage wäre vielmehr, wie man den Widerspruch zuspitzen, das moralische Dilemma in politische Konfliktbereitschaft übersetzen kann.[165]

Der Surrealismus hat 1924 die Herstellung solch einer Konfliktbereitschaft zur Priorität erklärt. Sie dachten damals noch nicht an den »ökologischen« oder sonst wie »ethischen« Kapitalismus, sondern an seinen Vorfahren, den ebenso paradoxen »humanitären Imperialismus«, der einst manch eine Kolonialbegierde unterfütterte. Dabei argumentieren die Surrealisten zugleich profaner, pragmatischer und verbindlicher als ihre Vorbilder, Marx und Rimbaud eingeschlossen: Oxymora gehören schlichtweg zersprengt. Gegen die Dissoziationen und Zerreißproben des ethischen Kapitalismus und seiner Vorfahren entwerfen die Surrealisten einen anderen, kargen Realitätsbegriff.

Man sieht diesen überall im Werk der Kerngruppe verstreut. In seinem schönsten Aphorismus betont Breton beispielsweise die fundamentale Berichtigung, der der Surrealismus die Wirklichkeit unterzieht: »Das Bewundernswerte am Fantastischen ist, dass es nichts Fantastisches daran mehr gibt; es gibt nur noch das Reale.«[166] Das Rimbaud'sche »Leben«, diese Oase der Redlichkeit, toleriert keine Fantasie und keine Dissoziation. Im Rausch, in der Auslieferung des Geistes an den puren Automatismus, in der konvulsivischen Erfahrung der Liebe wird jede Dissoziation zwischen dem Realen und dem Nichtrealen *praktisch* getilgt, samt aller ihrer Verheißungen. Das Reale ohne das Fantastische ist das Leben ohne Aushängeschild: ein Leben ohne Utopie und ohne Heuchelei, schlicht: ein Leben. Ohne ethischen Kapitalismus, ohne humanitären Imperialismus und ohne humanistischen Dilettantismus. Das »Surreale« als realweltliche Lebenspraxis ersetzt mit anderen Worten nicht eine beliebige »Wirklichkeit«; das Surreale ersetzt das bürgerliche Reale *in seiner oxymoronischen Form*; jenes irreale Reale, jene symbolische Misere des *Schriftstellerkongresses*, jenes bürgerliche *Sous-Reale*, das des Fantastischen immer als Vorbehalt und Versprechen bedarf. So isolieren die Surrealisten erstens aus der Wirklichkeit einen puren, von der Materie losgelösten »Anschein«[167]: Das Fantastische wird von seiner Rolle als Legitimationsbeschaffer befreit.

Zum anderen geben sich die Surrealisten bedingungslos der Fantasie hin – paradoxerweise in jener rauesten aller Formen, die Rimbaud einst die »grobkörnige Wirklichkeit«[168] nannte. Dafür »müssen wir«, proklamiert das *Zweite Manifest*, »unbedingt so tun, als ob wir wirklich ›auf der Welt‹ wären, um uns erst dann zu trauen, einige Vorbehalte zu formulieren«.[169] Fantastisch und grobkörnig ist die Welt an allen Orten, die sich außerhalb des bürgerlichen Territoriums befinden. Ebendies ist die grundsätzliche Affirmation des ersten Romans von Breton, *Nadja*: Auf der Welt sein heißt, sich einer Wirklichkeit hinzugeben, die den bürgerlichen Realismus™ in allen erfahrbaren Dimensionen übersteigt. Dafür genügt es schon, Nadja – eine Prostituierte und für Benjamin ein typisches »Exponent« der Masse[170] – über ihre Ängste, ihre Kunden, ihren Körper, ihre Verwirrtheit, ihre Nöte sprechen zu lassen. Ein unpedantisches und lesenswertes Buch, in dem Breton tatsächlich bemüht ist, die Wirklichkeit derjenigen konkret zu teilen, als deren Fürsprecher sich bürgerliche Intellektuelle üblicherweise besonders gut gefallen. So präparieren die Surrealisten zweitens aus der Wiklichkeit eine pure, von den Vexierbildern des Realismus™ losgelöste Materie: »das Unbeseelte«.[171] Die materielle, grobkörnige Wirklichkeit »fabuliert nicht«[172] und ist deswegen ungleich fantastischer als das verheuchelte Reale™.

Beide Ansichten des Realen isolieren die Flanken des Gefälles voneinander. Es wird *gesiebt* (altgr. *krinein*: »sieben oder entscheiden«, diesmal eben nicht *hypo-krinein*, sondern ernsthaft). Hier lässt man den Realismus™ durch das Sieb des Fantastischen laufen und sieht die Welt, wie sie sein sollte, dort wiederum lässt man den Realismus™ durch das Sieb der grobkörnigen Wirklichkeit laufen und sieht, wie die Welt tatsächlich ist – *dies aber nie gleichzeitig*. Symbol *oder* Tatsache, Freundschaft *oder* Versklavung, Kapitalismus *oder* Ethik: Erst wenn alle Hoffnungen auf eine Widerspruchslösung aufgegeben sind, lässt sich die Realität *redlich* erfahren:

> Wenn ich will, dass die Welt sich verändere, ja wenn ich gesonnen bin, ihrer Veränderung, was die soziale Ordnung betrifft, einen Teil meines Lebens zu opfern, so geschieht das nicht in der eitlen Hoffnung auf eine Rückkehr in die Zeit [der] Märchen, sondern weil ich dadurch behilflich zu sein hoffe, eine Zeit herbeizuführen, wo sie nicht nur Märchen sein werden.[173] (Breton, *L'Amour fou*, 1937)

Historische Aufgabe des Surrealismus ist es, dominante Klassen zu einer Entscheidung zu drängen: entweder bessere Märchen zu erzählen oder ihre Märchen tatsächlich wahr zu machen.

5.

Ein radikaler Freiheitsbegriff: Wenn alles verboten ist, wird alles möglich

> »Hier spricht Elektra. Im Herzen der Finsternis. Unter der Sonne der Folter. An die Metropolen der Welt. Im Namen der Opfer. Ich stoße allen Samen aus, den ich empfangen habe. Ich verwandle die Milch meiner Brüste in tödliches Gift. Ich nehme die Welt zurück, die ich geboren habe. Ich ersticke die Welt, die ich geboren habe, zwischen meinen Schenkeln. Ich begrabe sie in meiner Scham. Nieder mit dem Glück der Unterwerfung. Es lebe der Haß, die Verachtung, der Aufstand, der Tod. Wenn sie mit Fleischermessern durch eure Schlafzimmer geht, werdet ihr die Wahrheit wissen.«[174]
>
> Heiner Müller, *Die Hamletmaschine*, 1977

In einem bekannten Kalauer hat der Soziologe Michel Clouscard den Liberalismus beschrieben als »eine Welt, in der alles erlaubt, aber nichts möglich ist«.[175] Der Liberalismus erlaube eine freiheitliche Einrichtung individueller und kollektiver Existenz, verhindere im gleichen Zug aber ihre grundsätzliche Veränderung. Allenfalls *dürfen* liberale Subjekte frei sein.

Das *Zweite Manifest* betont seinerseits, dass die »Idee des Surrealismus« in dem Anspruch besteht, »lebenslänglich im Sperrgebiet spazieren zu gehen«, in der *zone interdite*.[176] Die *Manifeste* propagieren ein Regime der generalisierten Illegalität und schälen aus dem Aphorismus somit eine umgekehrte Maxime heraus: *In einer Welt, in der alles verboten ist, wird alles möglich.*

Hier mögen die analytische Richtigkeit und politische Mündigkeit der Maxime fraglich sein, nicht aber ihre strategische Wirksamkeit. Etwas möglich machen impliziert nichts anderes, als den Liberalismus einer permanenten, praktischen Reinterpretation zu unterziehen, um seinen autoritär-repressiven Charakter kenntlich zu machen. Ist ein Verbot erschlossen, so erschließt sich auch das vom Verbot kaschierte Mögliche. Die Surrealisten wollen also alles andere als *Rechte*. Wie erfrischend. Diese Strategie entspricht, grob gesagt, der grundsätzlichsten Einsicht Freuds, der die Gesellschaft und ihre Repressionsmechanismen ausgerechnet dort aufspürte, wo sie angeblich nicht existierten. Das vermeintlich intakte private Subjekt ist immer und überall durch die Gesellschaft versehrt.[177] Freiheit und Intimität sind nicht unantastbar, sondern immer schon *angefasst* worden.

Die bleibende Unfreiheit in der psychischen und politischen *liberté* des kapitalistischen Liberalismus will kenntlich gemacht und Herrschaftsbeziehungen bis in die alltäglichsten Verästelungen der liberalen »Freiheit« nachgespürt werden. Auch hier gehen die Surrealisten ebenso krud wie munter vor. Solange die politisch-gesellschaftliche Wirklichkeit anhand eines gleichmäßig »bedingungslosen«, bedeutungsarmen, unterkomplexen und unkritischen Konzepts der menschlichen »Freiheit« drangsaliert werden kann, bleibt die »Freiheit« das *safe word* der Surrealisten und zugleich ihre effizienteste philosophische Leerstelle: »Einzig das Wort Freiheit vermag mich noch zu begeistern«, lautet es schon zu Beginn des ersten *Manifests*.[178] »Der Polizist ist der absolute Feind«, heißt es idiotisch-folgerichtig bei Crevel, wie auch einst schon bei Hugo und Baudelaire.[179]

So solidarisiert sich der Surrealismus mit allerlei Verbrechern. Jede Mörderin bezeugt den Preis der liberalen Unfreiheit. Für sie ließ es sich schlussendlich nicht anders weiterleben als durch die *absolute* Normverletzung. Solange die Dilematta und »nicht-unlösbaren Interessenkonflikte«[180] des Liberalismus nicht anders gelöst werden können als durch die Verbrechen der Entrechteten, inkriminiert jedes Vebrechen die liberale Freiheit selbst: »Man muss«, riet schon Marx, »diese versteinerten Verhältnisse dadurch zum Tanzen zwingen, dass man ihnen ihre eigene Melodie vorsingt!«[181]

a) Mord

> »Ich meine, die Herrschaften Welt- und Marktherrscher
> sollten sich vor den Dingen hüten, die ihnen
> so selbstverständlich zukunftslos erscheinen.«[182]
>
> Louis Aragon

Schauen wir uns also den Surrealismus von seiner informativsten, weil unrühmlichsten Seite an. Betrachten wir also die ethische Verlotterung eines aufmüpfigen Milieus, das sich des Todes nicht anders wiedererinnern kann als urplötzlich und glorifizierend. Das Werk des Surrealismus wimmelt von Collagen, Assemblagen, De- und Remontagen des Erlaubten und Verbotenen; ästhetische Verfahren, die selbst an die revolutionäre Tradition angelehnt sind. Schon der alte Delacroix hatte die Revolution als eine chaotische, spontane Collagierung von Regel und Regelbruch gemalt; *Die Freiheit führt das Volk*, 1830, mit ihrer Aufhäufung von Leichen, entblösten Busen und Zylinderhüten ... »Die Collage ist eine Technik«, beteuerte Aragon mit Blick auf eine kommende Insurrektion, »wie die Liebe oder der Selbstmord«.[183] Als *praktizierte Poesie*[184] gilt fortan jedes Verbrechen, das sämtliche Normen menschlicher Existenz demontiert und neu collagiert. Jedes Verbrechen, sofern es eine politische Möglichkeit offenbart, gilt wiederum als surrealistisch.

Paradigmatisch ist hier Paul Éluards und Benjamin Pérets Heiligsprechung der inzestuösen Schwestern Christine und Léa Papin, die 1933 für den brutalen Doppelmord an ihren Hausherrinnen zum Tode durch Enthaupten (die eine Schwester) bzw. Zwangsarbeit (die andere Schwester) verurteilt wurden. Die Papin-Affäre, etwas schematisch betrachtet, bildete für solche normativen Collagearbeiten ein extrem dichtes Geflecht an kanonischen surrealistischen Themen, derer sich Éluard und Péret frei bedienen konnten.*

In der Papin-Affäre verschränkte sich Klassenkampf mit Sadismus (die Schwestern rissen ihren Herrinnen bei lebendigem Leibe und mit bloßen Händen die Augen aus), mit dem *humour noir* der Vorväter des Surrealismus (die Schwestern versteckten die Augen in den Falten der Schals, die die Herrinnen um den Hals trugen), mit psychischen Automatismen (die Schwestern Papin – französische

* Andere Fälle, die die Surrealisten zu dieser Zeit beschäftigten, reichten von onanierenden Hirten in Okzitanien über die Anarchistin Germaine Berton, die 1923 den Monarchisten Marius Plateau erschoss, bis zum Sergent François Bertrand (1823–1878), auch bekannt als »Vampire de Montparnasse«, ein glücklich verheirateter Nekrosadist, der sich nach seiner Freilassung zum Leuchtturmwächter umschulen ließ. Siehe dazu die Memoiren von André Thirion, *Révolutionnaires sans Révolution*, Paris 1972, S. 100–101.

Köchinnen bis in den Tod – tranchierten die Leiber ihrer Herrinnen mit ausgerechnet jenem Küchenmesser, mit dem sie mittags den Schweinebraten geschnitten hatten) und mit libertärer Sexualmoral (sie zerstampften schließlich die Leichen mit einem Zinnkrug und gingen, 21 und 28 Jahre alt, zusammen »nackt« ins Bett, wie die Prozessakten keusch berichten). »Saubere Sache!«, soll noch die eine zur anderen gesagt haben.[185] Paraphrasieren wir: Besser koitieren, weniger unfrei sein, besser frei sein, mehr hassen, besseres Fleisch essen, bessere Witze machen, lauter lachen, dunkler bestrafen, besser vergelten – aber vor allem: all das in einem einzigen, konvulsivischen Akt an sich reißen. Manchmal sei es geil, kein Bürger zu sein (*Disclaimer*: Mord schlecht, Inzest verboten).

Zwei forensische Punkte: Erstens waren die Schwestern Papin sieben Jahre lang unterwürfige, endlos geduldige, besiegte Dienstmädchen, wie die Surrealisten in ihrer Zeitschrift *Le Surréalisme au service de la révolution* anmerken. Die Schwestern werden somit zu vollendeten *revolutionären* Subjekten ernannt. Sie verheißen die unerschlossenen politischen Kräfte, die in den Entrechteten bzw. gerade-erstneulich-Berechtigten lauern und aus ihnen konvulsivisch ausbrechen können. Sie bezeugen auch den unweigerlich surrealen »Stil«[186], den jeder eruptive Anspruch auf absolute Befreiung annehmen muss, samt seiner grotesken Überlagerung von Herrschaftskritik, Moral, Lust, Ökonomie und Witz. Wie der damals noch unbekannte Jacques Lacan in der surrealistischen Zeitschrift *Minautore* obendrauf anmerkt, werden die Schwestern bis zum Ende eine Erklärung für ihre Taten verweigern.[187] Der Fall Papin dokumentiert somit, dass die Insurrektion der Erniedrigten eine grundsätzlich surrealistische Form anzunehmen habe: Sie ist total, sie mischt *alle* dilemmatischen Karten der repressiv-liberalen Moderne neu, sie ist spontan, sie ist unpedantisch. Ergo, der Surrealismus ist nicht nur fundamental antireformistisch (er bekämpft, ganz manifestös, den reformistischen Terror und »die immer nachwachsende Bestie des *so ist es schon etwas besser*«[188]): Der Surrealismus ist fundamental revolutionär in dem präzisen Sinne, den die Erniedrigten diesem Wort *durch ihre aufständische Praxis* verleihen.

Zweitens liegt aus surrealistischer Perspektive die Schuld bei den Herrinnen. Wenn sie nicht einmal ahnen, dass ihre Angestellten sie ermorden wollen und werden, wissen sie von ihnen nicht das Wesentliche.[189] Solch eine Derealisierung des Offenkundigen, die man als *rigoristische Dämlichkeit* bezeichnen könnte – ein drakonisches, fanatisiertes und klassenimmanentes *Nicht-ernst-nehmen-Wollen* – ist in der sozialistischen und anarchistischen Literatur reichlich veranschaulicht und gehört für die Surrealisten gebührend bestraft (man muss nicht einmal in den Nachlass Bakunins hinabsteigen; ein schlichter Émile Zola genügt hierfür, sagen wir *Germinal*: Die Zecheneigentümer fressen Hummer, während die Kumpel einander wegen einer Schale Brotsuppe abstechen.) Das Bürgertum verwaltet ohnehin, und bis heute, die Definition des Ernstes und des Ernstzunehmenden. Anders bei Christine und Léa Papin, die Augen in Kleiderfalten verstecken. Die Schwestern verbriefen den Einbruch des Realen als realen Ausnahmezustand: Sie witzeln hier, weil ihr Ernst woanders liegt.

Die stereotypischen Antinomien des *Schriftstellerkongresses* kommen in den Presseberichten der Zeit erneut zum Vorschein. Die kommunistische Tageszeitung *L'Humanité* dreht die stalinistische Gebetsmühle und deutet die Papin-Affäre als unvermeidliches Ergebnis der »höllischen« Arbeitsbedingungen zweier Arbeiterinnen »in der sakrosankten bürgerlichen Familie, in welcher die Bosheit und Verachtung für ihre Diener alltäglich wachsen und blühen«.[190] *L'Humanité* sieht – absolut linientreu – nur das habituelle Elend, nicht den spontanen Aufstand. Der Staatsanwalt bezeichnet die Schwestern in seinem Antrag dagegen als »Hündinnen«.[191] Es meldet sich der Boulevard Saint-German zu Wort, bald mit den formelhaften Anklagen Simone de Beauvoirs gegen die unerbittliche soziale »Menschenmühle«, auf die nur die »schauerliche Gerechtigkeit«[192] des Verbrechens antworten konnte, bald mit Sartres infantiler Faszination für die »Falten« und »Runzeln«[193] der Geschwister.

Für die Surrealisten gehört das Verbrechen der Schwestern nicht erklärt. Vielmehr dient es als eine *blanke* Demonstration der Veränderbarkeit des Realen. Die Papin-Schwestern, als Musen der surrealen Freiheit und Dissidentinnen der liberalen *liberté*, haben die Wege der Praxis erschlossen.

Sonstige Ästheten der Moderne hatten bis dahin das Zerteilen der Macht bzw. das Zerlegen der Mächtigen mit bloßem proletarischem Ressentiment in Verbindung gebracht. Für gemäßigte Snobs im Stile Siegfried Kracauers bestand »die Masse«, die kleinen Leute, die »kleine[n] Ladenmädchen«, samt »ästhetischer Unmöglichkeit« und leidigen politischen Aspirationen, immer aus einer disparaten Ansammlung: »Arme, Schenkel und andere Teilstrecken«.[194] Disparate Gliedmaßen, verhängnisvoller noch: disparate Arbeiterinnen, die keine kohärente Klassenpolitik verfolgen und deswegen bevormundet gehören (von Kracauer, von der Partei usw.). In den Schriften der Surrealisten verbrieft die Papin-Affäre dagegen die Wertlosigkeit jeglicher organisierten, parteipolitischen Revolutionstheorie. Die Schwestern sind *autonome* revolutionäre

Akteurinnen. Als Musen der surrealen Freiheit und Dissidentinnen der organisierten Revolution haben sie die Wege der effektiven Politik erschlossen.

Für Adorno wiederum gleichen die »abgeschnittenen Brüste«, die »Beine von Modepuppen in Seidenstrümpfen« auf den surrealistischen Collagen bloßen »Warenfetische[n]«. Für Adorno galt immer: Im Wesentlichen sind arme Leute selten mehr als Bumser und Prasser, ihre Fürsprecher folglich immer ein bisschen Voyeure und Gönner: »Die Modelle des Surrealismus wären die Pornographien.«[195] Nein, die Modelle des Surrealismus waren die aufständischen Proletarierinnen, die im entscheidenden Moment zum Küchenmesser zu greifen wussten. Mehr noch, die Surrealisten fügen hinzu: Das sollten wir, als bürgerliche Klasse, uns nun selbst antun.

Surrealistische »Freiheit« hat demnach eine grundlegend paranoide Form: Sie tut das Verbotene und sieht dabei immer nur das Mögliche. Das Mögliche, das heißt die formale Möglichkeit einer Veränderung der Wirklichkeit, das heißt auch die Möglichkeit des Lexems *Revolution* als legitime Komponente der gefrorenen Sprache des bürgerlichen Politischen. So verheißt das dürftige Revolutionsverständnis der Surrealisten allen voran die Art gewissenloser *Enthemmung*, die es ohne Kriminalistik und Gerichtsmedizin nicht geben kann. Dafür, als Ausgleich und letzter symbolischer Tausch, geben die Surrealisten dem Bürgertum etwas zu *töten*, nämlich sich selbst.

b) Selbstmord

»Ihr wißt, ich hasse und verabscheue die Lüge, kann sie nicht ertragen, nicht weil ich aufrichtiger bin als der Rest von uns, sondern einfach weil mir davor graut. Es liegt etwas vom Makel des Todes, vom Beigeschmack der Sterblichkeit in der Lüge – und genau das ist es, was ich am meisten hasse und verabscheue auf der Welt – was ich vergessen will.«[196]

Joseph Conrad, *Herz der Finsternis*, 1899

Heuchelei ist eine fundamental repressive Form der Herrschaft. Das Zeitalter ihrer Dominanz muss folglich *ausgehalten* werden. Nicht jeder kann das. *Yes We Can:* Mittlerweile sind selbst die Bürger für Durchhaltelieder überreif. An den Rändern, unten, wo die Zumutbarkeitsobergrenze immer schon erreicht ist, franst es völlig aus. Ab diesem Moment werden Möglichkeiten unvermeidlich.

Unterdessen dient die spektrale Präsenz des Todes den Surrealisten als Leitfaden zur Insurrektion. Doch auch hier macht die Gesellschaft Unterschiede. Die Verletzlichsten werden in den Tod hineingeheuchelt, das heißt von den dissoziativen Strukturen des Realismus™ weggespült, ungeachtet dessen, wie metaphorisch dieser Tod ausfallen mag. Auf sozialdominante Schichten warten dennoch andere, edlere Tode. Zwei insbesondere sind ihnen historisch vorbehalten: der oben behandelte *aufständische Mord* (in einer beliebig extravaganten Vollstreckungsart, von der Guillotine zur Papinisierung) und der *nichttriviale* Selbstmord. Als kollektive, kulturgeschichtliche Chiffre figuriert der Selbstmord obendrauf als eine doppelte Negation: Der Suizid ist Zeichen des Unzulässigen und des Unvorstellbaren.

Des Unzulässigen, weil der Suizid in den meisten westlichen Ländern bis spät ins 20. Jahrhundert hinein kriminalisiert wurde. Im Vereinigten Königreich wurde er bis zum »Suicide Act 1961« strafrechtlich geahndet, unter anderem weil, wie kolportiert wird, die Krone mit jedem Suizid ein Subjekt verlor: Jeder Selbstmord war juristisch an einen Mord gekoppelt, jeder Selbstmörder strafrechtlich an einen Mörder. So konnte 1941 die Jüdin Irene Coffee, die kurz zuvor vor den Nationalsozialisten von Dresden nach London geflohen war, für ihren gescheiterten Selbstmordversuch vom Central Criminal Court zum Tode verurteilt werden.[197] Man gehört sich nie ganz, in London wie im nationalsozialistischen Dresden: Der Selbstmord bleibt ein *absolutes* Verbrechen, die Selbstmörderin eine absolute Verbrecherin. Robert Desnos hatte fünfzehn Jahre zuvor in seiner *Beschreibung einer baldigen Revolte* diese Logik vorweggenommen: »Ohne Zweifel werdet ihr bald, ihr Tintenpisser, diejenigen zum Tode verurteilen, die an ihrem Selbstmord gescheitert sind.«[198] Wittgenstein sagt es theologischer: »Wenn der Selbstmord erlaubt ist, dann ist alles erlaubt. Wenn etwas nicht erlaubt ist, dann ist der Selbstmord nicht erlaubt. [...] Denn der Selbstmord ist sozusagen die elementare Sünde.«[199] Das impliziert wiederum eine elementare Garantie für die aufständischen Avantgarden. Solang es dieses Verbot gibt, gibt es *überhaupt* Verbotenes: So gibt es überhaupt veränderbare normative Ordnungen, das heißt politische Möglichkeiten.

Der Suizid figuriert zugleich als das Unvorstellbare: Er ist der buchstäbliche, leibliche Tod, der aus der moralisch-kognitiven Gesamtdisposition des Realismus™ notwendig gestrichen ist. Die Negation der Macht zu töten sowie die doppelte Weigerung, diese Macht anzuerkennen und noch in Form von organisierter Gewalt zu erkennen, korreliert mit einem impliziten, ubiquitären Glauben des bürgerlichen Subjekts an seine eigene Unsterblichkeit. Diese Vermessenheit war sogar noch zu Kriegszeiten in aller Munde; selbst im Bombenhagel hielt man sich für ewig. So schreibt Freud 1915 in *Zeitgemäßes über Krieg und Tod* über die soziale Schicht, die bei ihm auf der Couch lag und als Stellvertreterin für »jeden« fungierte: »Der eigene Tod ist ja auch unvorstellbar, und sooft wir den Versuch dazu machen, können wir bemerken, daß wir als Zuschauer weiter dabeibleiben. [...] Im Grunde glaube niemand an seinen eigenen Tod oder, was dasselbe ist: im Unbewußten sei jeder von uns von seiner Unsterblichkeit überzeugt.«[200]

Entscheidend ist hier, wie einfach und plausibel die Unvorstellbarkeit des eigenen Todes sich mit der Unvorstellbarkeit des Endes des Kapitalismus parallelisieren lässt. *So unverstellbar wie der eigene Tod,* besagt die realistische™ Losung, *ist der Tod des Kapitalismus.* Der Selbstmord erhält damit eine doppelte strategische Valenz, da er einerseits die Wiedereinführung des Todes in den Realismus™ figuriert, andererseits die Systemzerstörung verheißt. Dabei ist der kollektive Glaube an die Unsterblichkeit des Kapitalismus an den privaten Glauben des kapitalistischen Subjekts an seine eigene Unsterblichkeit gekoppelt, und zwar nicht nur diskursiv (das heißt, diese Kopplung gibt es nicht nur in Theoriegebilden und Vorstellungswelten), sondern er ist auch in den Strategien der politischen Avantgarden nachzuweisen (das heißt, diese zirkuläre Verschaltung von individuellen und systemischen Endlosigkeitsvorstellungen wird von gegenhegemonialen Akteuren durchschaut, die sich im Namen des nichtbürgerlich-Realen, zum Beispiel des Surrealen, gegen sie wenden). Die Verbannung des Todes ist privat und gesellschaftlich funktionsrelevant.

Diese miteinander verschalteten Unsterblichkeitsfantasien vergelten die Surrealisten mit einer regelrechten Suizidobsession, die die gesamte Geschichte der Bewegung prägt. So rief schon die erste Ausgabe von *La Révolution surréaliste* im Dezember 1924 ihre Leser dazu auf, schriftliche Antworten auf die Frage »Ist Selbstmord eine Lösung?« einzusenden: »Es ist keine Frage der Moral, die wir hier stellen.« In der zweiten Ausgabe wurden circa 50 Antworten abgedruckt, darunter die der Kerngruppe des Surrealismus sowie die bald entsetzten, bald flapsigen Einsendungen der literarischen Prominenz anno 1924 (Georges Duveau, Claude Jonquière, Josef Florian ... Alle vollkommen in Vergessenheit geraten, als hätten sie nie existiert). René Crevel, der drei Tage vor dem *Schriftstellerkongress* Selbstmord begehen sollte und den man heute noch kennt, verkündete die surrealistische Position in einer synthetischen Antwort: »Das Mosaik der Simulakren hält nicht. Ich meine damit, dass die Gesamtheit der sozialen Kombinationen sich nicht gegen die Angst durchsetzen kann, die unsere Leiber zersetzt. [...] Das Leben, das ich akzeptiere, ist das schwerwiegendste Argument gegen mich selbst.«[201] Im Gründungsjahr der Bewegung sind die Kernstücke des revolutionären Surrealismus klar disponiert: die Kritik des hegemonialen Wirklichkeitsbegriffs, das labile Mosaik der normativen Ordnungen, die Kopplung von Selbstkritik an Systemkritik, die Verweigerung der Selbst- und Systemerhaltung.*

* Die Black Panther Party bezieht sich in den späten 1960er Jahren nicht nur auf den Surrealismus, sondern auch insbesondere auf seine Konzeption des Selbstmords und der Permanenz sozialer Domination. Huey P. Newton, Gründungsmitglied der Panthers, unterscheidet in seiner 1973 erschienenen Autobiografie *Revolutionary Suicide* zwischen dem »reaktionären Selbst-

Die resultierende Forderung der Surrealisten ist so unraffiniert, wie es die historische Lage erfordert: »Der Kapitalismus begeht keinen Selbstmord, man suizidiert ihn« (Crevel).[202] Jeder Versuch, den Kapitalismus zu stürzen, wird scheitern, wenn er seine organische soziale Basis verschont. Die Lädierung des Kapitalismus setzt zwingend die Lädierung des Kapitalisten voraus, das heißt in der munteren Duzsprache eines jeden ernsten politischen Appells: *Wenn du den Kapitalismus töten willst, musst du als Bürger sterben; dadurch leistest du dem Kapitalismus Suizidbeihilfe.* Konsequenterweise lancierte Crevel eine insistente Kampagne für den kollektiven, rituellen Selbstmord der Surrealisten; die Gruppe müsse fortan mit der Schrotflinte arbeiten, um sich als bürgerliches Klassengebilde irreversibel zu objektivieren. Die Selbstlädierung des Bürgertums (es entdeckt plötzlich, dass es sterblich ist und vom Kapitalismus lebt) und die Selbstlädierung des Kapitalismus (man entdeckt plötzlich, dass er vom Bürgertum lebt

mord« und dem »revolutionären Selbstmord.« Reaktionär ist der Selbstmord, wenn er aus Kapitulation vor unerträglichen Verhältnissen ausgeführt wird. Der »*black revolutionary*« begeht dagegen Selbstmord als eine Form von Widerstand. Angesichts der Tatsache, erklärt Newton, dass Afroamerikaner und Afroamerikanerinnen ohnehin getötet werden, gleich ob dies »spirituell« oder leiblich geschieht, kommt es allein darauf an, in permanenter Todesahnung zu handeln: Der weiße Bürger tötet. Um die Frage »before we die, how shall we live?« mündig beantworten zu können, müssen Panther-Mitglieder folglich den Preis der Anamnese zahlen: das Vergessen verlernen und sich stets an die Mordbereitschaft von System und Systemteilhaber erinnern. Meine Übersetzung. Huey P. Newton, *Revolutionary Suicide. The Way of Liberation*, London 2009, S. 2–4. Dazu: Abigail Susik, Elliott H. King, »Surrealism as Radicalism«, in: Abigail Susik, Elliott H. King (Hg.), *Radical Dreams. Surrealism, Counterculture, Resistance,* University Park 2022, S. 3.

und folglich vergänglich ist) sind aus revolutionär-surrealistischer Perspektive exakt synonyme Begehren.

Wie falsch dieses Axiom auch sein mag (denn historisch hat der Kapitalismus auch ohne Bürgertum existiert und könnte es in Zukunft auch wieder tun), gründet es trotzdem auf der sozialgeschichtlichen Einsicht, dass das aufmüpfige Bürgertum in jeder Kapitalismuskritik zugleich Richter und Partei ist und somit nur unter Ausnahmebedingungen zu einer realen Kritik des Kapitalismus – und somit seiner selbst – fähig ist.

Der Selbstmord stellt diese Ausnahmebedingung her. »Wenn ich mich umbringe«, schreibt Antonin Artaud in seiner Antwort, »wird das nicht geschehen, um mich zu zerstören, sondern um mich neu zusammenzusetzen.«[203] Die »Zersetzung der Gesellschaft als partikulare Klasse«, schreiben die Surrealisten wiederum kollektiv, bedeutet nicht nur die provokatorische Zersetzung der sogenannten »guten Gesellschaft«, sondern auch soziologisch die Zersetzung der »bürgerlichen Gesellschaft«, also ökonomiegeschichtlich die »Vernichtung des Kapitalismus«, die allein »die Bedürfnisse der Unterdrückten nach Zerstörung« erfüllen wird.[204]

Gewissermaßen sind all diese Figuren der revolutionären Theorie schon lange als Paradoxien vertraut. Denn wenn die Revolution, als *absolute Politik*, sich wie jede rücksichtslose Kritik »nicht vor ihren Resultaten fürchtet«[205] (Marx), dann impliziert sie zwingend den Tod der Revolutionäre – sei es nur, weil Revolutionäre Kenner der Knechtschaft sind, die die alte Welt ausmachte, und sie wiederum der knechtschaftsfreien, kommenden Welt nicht »gewachsen«[206] sein können (nochmal Marx; aber auch Kafka[207]). Es sollen ja keine *neuen Menschen* heranwachsen, sondern Kinder, die die Knechtschaft nicht einmal kennen (und wer könnte an diesem Wunsch ernsthaft etwas auszusetzen haben?). Revolutionäre können somit nicht anders, als die Revolution *für andere* und *als Selbstmörder* zu machen: »Ihre Anhängerinnen kämpfen für einen Zustand der Reinheit, den sie als Unreine nicht mehr betreten dürfen«[208] (Bini Adamczak).

Die Wiedereinführung des Todes in den Realismus™, das heißt die Wiedereinführung der Revolution in den politischen Horizont des Bürgertums, impliziert an diesem Punkt eine Revision der abgedroschensten aller Gegenwartsdiagnosen, nach der es einfacher sei, sich das Ende der Welt vorzustellen als das Ende des Kapitalismus (Fredric Jameson zugeschrieben). Zwar ist die Imagination einer anderen Welt tatsächlich unmöglich, wie der antiutopische Impuls der *Manifeste* stets bekundet. Doch vor allem steht es dem reuigen Bürgertum nicht einmal zu, diese postkapitalistische Imaginationsarbeit zu leisten, das heißt als Utopisten und Literaten eine abgesonderte Funktion in der Revolutionsvorbereitung einzunehmen. Das »Ende des Kapitalismus« gehört nicht vom Bürgertum imaginiert.

Die Problemstellung Jamesons – und dies ist ein essenzieller Punkt – ist somit selbst verfälscht. Gemessen an den sozialen, politischen und ökologischen Kosten seiner Macht würde es nämlich schon genügen, wenn das Bürgertum sich das *Ende der Welt* überhaupt vorstellen, das heißt zu einer aufrichtigen Einschätzung der Gegenwart gelangen könnte. Nicht das Ende des Kapitalismus sollen also die Bürger imaginieren – wäre solch eine Imaginationsarbeit von diesen zwangsläufig ab- oder angebrannten Subjektivitäten nicht zu viel verlangt? –, sondern sie sollen zu einer aufrichtigen Einschätzung der Kosten ihrer Macht und ihrer apokalyptischen Folgen kommen. Für sie, für die Unsterblichen, für die Tötungsunfähigen gelte es allein, eine fundamentale Selbstanklage zu erheben: *Ich werde als Bürger sterben, ich habe als Kapitalist getötet.* Dann sind politische Möglichkeiten wieder gegeben.

Der Spielraum der aufrichtig-aufständischen Selbstanklage ist in der politischen Theorie des Surrealismus somit engstens bemessen: Sowohl *bestenfalls* als auch *höchstens* sollen die Bürger gegen sich selbst revoltieren, das heißt gegen die Bürgerlichkeit, die sie durchzieht und sättigt, das heißt gegen das Versprechen rebellieren, als Bürger, als Literaten, als Utopisten und als Urheber der Zukunft die Revolution zu überleben. Für das Bürgertum gilt die Selbstauslöschung zugleich als Maximal- und Minimalanspruch. Die Imaginations- und Konkretisierungsarbeit machen die anderen.

Dass die – wie auch immer mythologisch verklärten – »anderen« diese Imaginations- und Konkretisierungsarbeit anstelle der geweihten Dichter hypothetisch leisten *können*, wird der Geschichte der Arbeiterbewegung gerne zugeschrieben, gar den aufständischen Wellen angedichtet, die die Gegenwart europäischer Demokratien regelmäßig überschwemmen; mit sehr unterschiedlichen politischen Ergebnissen. Menschen ist alles zuzutrauen, das ist ja das Problem! Für die Surrealisten selbst waren die unzähligen Fabrikbesetzungen und autonomen Bewegungen der Arbeiterklasse der frühen 1920er Jahren zukunftsweisend: Schafft man für die anderen Platz, entstehen unweigerlich neue Formen, neue Begierden und eine neue Anordnung der politischen Gewaltenteilung. Es kommt dann allein darauf an, dass weder Parteien noch Intellektuelle jene politischen Schöpfungen einhegen, die nur an dem Ort entstehen können, wo Bürger und Dichter nur selten anzutreffen sind, »nämlich auf der Straße« (Breton).[209]

Diese politischen Schöpfungen sind reale Ausnahmezustände.* Denn wo in der *politischen Normalität*, wie Luc Boltanski einst schrieb, eine »realistische Selbstbeschränkung«[210] wie eine bleierne Decke auf den sozial Dominierten lastet, sind Ausnahmezustände durch die Schwächung der Zwänge gekennzeichnet, die der bürgerliche Realitätssinn auf politische Forderungen ausübt.[211] In der politischen Normalität, angesichts schwerhöriger Institutionen, angesichts blinder Herren und stummer Strukturen, sind selbst die sozial Dominierten Realisten™. Durch die Abmilderung jener realistischen Selbstbeschränkung, die der politische Normalzustand allen abverlangt, können revolutionäre Forderungen überhaupt imaginiert und entlang eines *aufständischen Möglichkeitssinns* konkretisiert werden. Utopie, das heißt Literatur, entsteht immer aus der Revolte, nicht andersherum.

Warum dann trotzdem schreiben, wie die Surrealisten es tun, wenn man sich als Bürger weitestgehend aus dem revolutionären Prozess selbst verdrängt hat? Aus zwei Gründen, beide strategisch. Erstens, weil das nichtrevolutionäre Bürgertum zur Taubheit neigt und bestenfalls nur für sich selbst und seine literarische Diktion ein offenes Ohr hat. Ist es in der Tat nicht so, dass Gymnasiastinnen und Gymnasiasten aktivistische Fürbitten schreiben,

* Ich beziehe mich hier nicht auf Carl Schmitt, wie es heute in jedem kulturphilosophischen Seminar gang und gäbe ist, sondern auf einen anderen, besseren, klügeren Carl. Ihm wurde zwar nie die Ehre erwiesen, in jede Anthologie der Kulturtheorie aufgenommen zu werden, dafür aber vertritt Carl von Ossietzky, dass Ausnahmezustände nicht nur von »der Hitlerei« dekretiert, sondern auch von Arbeitern und Sozialisten *erpöbelt* werden können. Wolfgang Weyrauch (Hg.), *Ausnahmezustand: Eine Anthologie aus »Weltbühne« und »Tagebuch«*, München, 1966.

wenn sozial durchmischte Jugendbewegungen Forderungen an die Alten stellen? Wer von Bürgern gehört werden will, um ihnen Bereitschaft zur Selbstzersetzung unterzujubeln, muss auf das geheiligte Medium der Schrift, auf ihr Prestige und ihre politische Leitfähigkeit zurückgreifen.

Zweitens widmet sich die Sensibilität der Surrealisten jenen alltäglichen Revolten, die die Dominierten in Form kleiner aufständischer Verbrechen begehen und die irgendwo zwischen Leben, Reim und Mord ihren poetischen Charakter behaupten. Denn kleine Revolten sind fester Bestandteil der politischen Normalität. Verdienstvoll genug ist, diese Revolten nicht zu ignorieren und sie adäquat zu beschreiben, samt ihrer aufständischen Kreativität und Gewitztheit. Deswegen also *trotzdem* schreiben: Wer den Einbruch des realen Ausnahmezustands in den Realismus™ beschreiben will, muss zwangsläufig den Einbruch jener wahren Dichtung, die von »niemand Bestimmtem« gedichtet wird, in die verfrorene bürgerliche Existenz beschreiben – sei diese Dichtung auch nichts anderes als ein Fleischermesser, das durch die Schlafzimmer des Bürgertums geht: »Die Dichtung muss irgendwo hinführen.«[212]

So kann an dieser Stelle eine Fehlinterpretation proaktiv ausgeräumt werden. Manch einer wird zu Fallobst vom Baum der Erkenntnis greifen und den Surrealismus als »populistisch« auslegen wollen (schlimmer noch: als »populistische Bewegung«) – eine gewisse intellektuelle Grobmotorik, zumal sie die augenfälligsten Grundzüge des Surrealismus verkennen würde. Breton, Aragon, Péret wenden sich nicht an das Proletariat, um es gegen irgendwelche »Eliten« aufzuhetzen, sondern sie wenden sich an das Bürgertum selbst. Auch sind sie keine bloßen Opportunisten, sondern folgen *auch* einem buntscheckigen Haufen an politischen Idealen. Schließlich sind sie weder Xenophobe noch Antisemiten noch Querfrontler. Nicht die üblichen, rührend-röhrenden Lautäußerungen unserer brunftigen Gegenwart (»Faktencheck!«, »Fördern und Fordern!«, »Empathie«!) bilden die Antithese des aktuellen »Populismus«, sondern der Surrealismus in seinen besten Jahren.

(*Zusammenfassende allegorische Anekdote*, hier erzählt eine meiner Freundinnen: »Es gibt in Thüringen das Fach Ethik. In anderen Ländern heißt es Werte und Normen und in der Oberstufe dann manchmal Philosophie. In der siebten oder achten Klasse, da sind deutsche Kinder ungefähr 13 oder 14, stand bei uns das Thema Tod auf dem Lehrplan. Erstmal haben wir die Phasen der Trauer behandelt, dann ging es ziemlich ausführlich um Selbstmord. Einmal wurde im Unterricht ein Beutel rumgegeben, jeder musste daraus ein Objekt ziehen und sagen, inwiefern er dieses Objekt mit Tod oder Sterben verbindet. Dabei waren ein Stück Seil, eine Modelleisenbahn, eine Tablettenpackung und eine Schachtel Streichhölzer. Alles Dinge, mit denen man *es* machen könnte. Die Hausaufgabe war dann, einen Nachruf auf sich selbst zu schreiben: Da haben sich ein paar Eltern beschwert und ich weiß, dass zumindest ich diesen Nachruf nie geschrieben habe. In unserm Ort gibt es allerdings zwei Schulen, einmal das Gymnasium und dann die Real- und Hauptschule. In Letzterer wurde in der neunten Klasse im Deutschunterricht geübt, wie man einen Hartz-IV-Antrag ausfüllt, habe ich gehört von meiner Nachbarin, die da hinging.«

Bürger und Nichtbürger, Nachruf und Hartz-IV-Antrag: Beide Schichten werden in den symbolischen Tod eingewiesen. Die Ersten, die Gymnasiasten, weil ihnen wohl als künftigen Untoten der bürgerlichen Gesellschaft jetzt schon die Vorzüge der posthumen Autorschaft gewährt gehören. Die Zweiten, die Real- und Hauptschüler, weil sie den Arbeitslosigkeitsstatistiken zufolge ohnehin unterhalb der Armutsgrenze existieren sollen. Beide Übungen zeigen, welche Wichtigkeit die soziale Ordnung dem variablen Verhältnis beimisst, das Menschen zu ihrer eigenen Sterblichkeit entwickeln sollen. Für die Ersten: den Heimgang zur Herrschaft. Für die Letzteren: den punitiven Abstieg.)

c) Zierde und Zerwürfnis

»Du hast es satt zu leben im griechischen und römischen Altertum«

Guillaume Apollinaire, »Zone«, 1912[213]

»Die Architektur der Zukunft wird schlaff und haarig sein.«

Salvador Dalí[214]

Das barbarisch unterkomplexe Grundaxiom der Surrealisten verheißt eine gewisse Kränkung dominanter Schichten. Beruflich denkende und dichtende Menschen haben sich auf das Aufzeigen eines Möglichkeitssinns zu beschränken, sofern sie dazu überhaupt in der Lage sind. Zeigen, andeuten, nahelegen, in Erinnerung rufen, gar behaupten, *dass* es Möglichkeiten gibt; dann still bleiben und die anderen praktisch handeln lassen.

Diese Verkürzung und Kränkung des klassischen revolutionären Traums, in dem aufmüpfige Promovierte gemeinsam mit Proletariern für eine *absolute Politik* agieren, bildet die wesentliche Vorbedingung für jedes revolutionäre Ereignis, das von *unten* kommen soll. Aus der agitatorischen Perspektive der dünnen Schicht an nichtkonterrevolutionären Sozialdominanten, zu der sich die Surrealisten zählen, ist zudem irrelevant, was dieses *Unten* jeweils bedeuten mag, das heißt ob eine Revolution des Unbewussten oder der politischen Dominierten gemeint ist. Freud selbst hatte – und hier sind die Surrealisten linke Kritiker Freuds – die Losung ausgegeben: »Unsere Seele [ist] einem modernen Staat vergleichbar, in dem eine genuß- und zerstörungssüchtige Masse durch die Gewalt einer besonnenen Oberschicht niedergehalten werden muss.«[215] *Gute Kunst*, das *Schöne* bedeutet für die Kerngruppe zuvorderst, der genuss- und zerstörungssüchtigen Masse freien Lauf zu lassen. Trotz der Theoriearmut der Bewegung, aber auch dank ihrer Theorie*schiefheit* versuche ich hier eine kurze Rekonstruktion der surrealistischen Ästhetik als revolutionärer Übung.

Das Vitruv'sche Theorem, nachdem Gebäude »quod significatur et quod significat« in einem sein müssen, um nicht einzustürzen, schließt eine Reihe an klassischen architektonischen und, wie ich vertreten habe, staats- und gesellschaftstheoretischen Formelementen aus. Der sonst so sachliche Vitruv, diese Spaßbremse, erlaubt sich in *De Architectura* eine einzige Invektive, die zugleich eine politische Sollbruchstelle preisgibt. Es handelt sich, köstlicherweise, um das frühste Beispiel surrealistischer Ästhetik, das mir bisher unter die Finger gekommen ist. Vitruv rügt den miesen Geschmack der römischen Oberschicht:

> *Malerei in den Gebäuden*: Anstatt der Säulen stellt man Rohrstängel dar; anstatt der Giebel geriefte Häklein mit krausem Laubwerke und Schnörkeln; ingleichen Leuchter, welche Tempelchen tragen, über

> deren Giebel aus Wurzeln und Schnörkeln mehrere dünne Stängel sich erheben, worauf, wider aller Vernunft, kleine Figuren sitzen [...]: Lauter Dinge, dergleichen es weder gibt noch geben kann noch jemals gegeben hat.[216]

Vitruv tabuisiert in diesem Bravourstück nicht das Ornament im Allgemeinen, sondern ausschließlich jenes Ornament, das den Gesetzen der *firmitas* widerspricht; es ist nicht »möglich« und soll vor allem nie »möglich« sein, dass Stängel Tempel tragen. Kräfte- und Machtverhältnisse ficht man nicht an. Jedes *unmögliche* Ornament droht, seinen Status als architektonische Oberflächenerscheinung zu verlieren und die Gesetze der staatstheoretischen Statik zu kontaminieren. Schnörkel stürzen Staaten.

»Träger der Ornamente«, meckert wiederum Kracauer zwei Jahrtausende später, »ist die *Masse*.«[217] In den Revuetheatern, in den Sportstadien, auf den Leinwänden der späten 1920er Jahre ordnet sich die Masse in ornamentalen Formationen an: »Ein Blick auf die Leinwand belehrt, dass die Ornamente aus Tausenden von Körpern bestehen [...]«. Dabei ist eine Epoche »aus der Analyse ihrer Oberflächenerscheinungen schlagender zu bestimmen als aus den Urteilen der Epoche über sich selbst«.[218]

Gegen Kracauer argumentieren die Surrealisten, dass eine *Tiefenanalyse der Oberfläche* das soziale Unbewusste der Kunst bloßlegen muss. Jede Zierde verheißt eine Menschenmenge: Horden von Kunstschaffenden. Gegen Vitruv argumentieren sie wiederum, dass es unmögliche Dinge sehr wohl geben *kann*: Horden von Revolutionären.

Demnach spielt das Ornament den Surrealisten – gegen Vitruv, gegen Kracauer – unweigerlich in die Karten. Es verheißt das Verbrechen in all seinen verführerischen Schattierungen und ist darum das einzige Stilmittel, das die Surrealisten durch die Bank weg verwendet haben; und zwar vor allem in jenen Jahren, als das Ornament zur unzeitgemäßen Unreinheit modernistischer Architektur erklärt wurde. Ästhetische Überschreitungen sind immer auch politische, meist soziale, meist ökonomische, oft sexuelle Transgressionen.[219] Das gilt für Dalís barocke Landschaften, für Bretons bombastisch verzierte Grammatik, für die kapriziöse Metaphorik Buñuels, die überwachsenen Stillleben Max Ernsts, die adjektivbeladene Dichtung Antonin Artauds. Das erste *Manifest* weist auf seine eigenen »lignes serpentines, affolantes« hin, seine schlangenartigen, aufreizenden Zeilen.[220] Auch die Wahlverwandten des Surrealismus kennen in dieser Hinsicht keine Askese, von Edgar Allan Poes *Tales of the Grotesque and Arabesque* zu Thomas de Quinceys *On Murder Considered as One of the Fine Arts* und Baudelaires geschwungener, von Opium umnebelter Récamiere (alle drei wurden in Bretons *Anthologie des schwarzen Humors* aufgenommen, die das Vichy-Regime 1939 zensierte).

Überall sonst ist 1924 das Ornament längst verpönt. Die Kunstgeschichte hat die leidigen Episoden dieser Säuberung gerne erzählt: zumeist als Fabel der Modernisierung statt als unumgängliche Nebenerzählung des Faschismus. Man kennt die musterhaften Verzahnungen von »ornament-seuche«, völkischer »degeneration«, »verbrechen an der volkswirtschaft« und »beschmierter« Erotik, die Adolf Loos in »Ornament und Verbrechen« (1908/1910) präsentiert: »Wenn ein tätowierter in freiheit stirbt, so ist er eben einige jahre, bevor er einen mord verübt hat, gestorben.« Die leibliche Beseitigung der Beschmückten bildet dabei die schmucklose Signatur der faschistischen Schönheit. Es geht ebenso explizit um die »evolution der kultur« durch die Läuterung der Linienführung wie um die Vertreibung der »revolutionäre«, ihrer »unglücksmöbel« und sexuellen »pathologien«, wie auch um die Abschaffung der Majuskeln.[221] Aber auch die »räumliche Eugenik«[222] des Antisemiten Le Corbusier, der bald zum Brieffreund Pétains werden sollte, oder noch das sprichwörtliche Oxymoron »Less is More« Ludwig Mies van der Rohes zielten auf die Erschaffung einer überhistorischen »Kultur zeitloser Perfektion«, aus der die Möglichkeit einer jeglichen Revolution kategorisch ausgeschlossen wäre.[223] Der Rationalisierung der Gesellschaft antwortete die Rationalisierung der Form. Hier aus Opportunismus, dort aus Fanatismus entledigte sich die Moderne ihrer Zierden und hoffte dabei, ihre Fragilität und Historizität endgültig abzulegen. Selbstverständlich kann keine Kopplung von Ornament und Verbrechen je substanziell sein; nichtsdestotrotz war sie 1924 sozial *wahr.*

In progressiven und sozialistischen Kunstkreisen, bald unterstützt durch beträchtliche Ministerialausgaben, entsteht zeitgleich eine Ästhetik der formalen Enthaltsamkeit und der klaren Linienführung. Der modernistische Elan stößt hier (links), wie überall sonst auch (rechts), auf die Ablehnung der Arbeiterklasse. »Es ist das ewige Dilemma moderner Kunst«, schreibt Robert Misik, »dass sie mit egalitärem Pathos ein Massenpublikum gewinnen will, aber dabei eine Hermetik und Esoterik entwickeln kann, die genau das Gegenteil bewirkt. Mit freundlicher Zuneigung zur Arbeiterklasse wollten kommunistische und sozialistische Künstler die konventionellen Geschmäcker revolutionieren. Die zärtlich betrachtete Arbeiterklasse entwickelte aber selbst konventionelle Geschmäcker und überlud die funktionalistische Bauhaus-Einrichtung mit Nippes und Häkeldeckchen.«[224]

Solche konsensfähigen (denn sogar Karl Kraus lobt Adolf Loos ...), solche unumstrittenen, mit Gewalt und Gefangenenlagern unterfütterten Geschmacksurteile haben immer umstrittene, konsens*unfähige* Vorgeschichten, die die Surrealisten, als dissidente Chronisten vergangener Revolutionen, viel tiefgreifender als ihre Opponenten kannten. Die Vorgeschichte der Kriminalisierung des Ornaments beinhaltet dabei noch eine andere soziale Wahrheit der Kunst: die ihrer sozialen Produktion.

Die Rolle, die Gustave Courbet in der Pariser Kommune gespielt hatte, ist hier mustergültig. Am 6. April 1871 läutete er den Aufstand der Künstler ein und publizierte einen virulenten *Appell*, in dem »alle« dazu aufgerufen wurden, ans Werk zu gehen: »Die Revolution wird umso gerechter sein, je mehr sie vom Volk ausgeht.«[225]

»Alle« heißt hier: niemand Bestimmtes. Courbet ernennt diejenigen zu Künstlern, die es in normalen, vorrevolutionären Zeiten nicht sein durften. In der Dritten Republik nämlich, bis zu den ersten Barrikaden, waren lediglich selbstständige Bildhauer und Maler im Namen der Kunstfreiheit vor der Zensur geschützt – eben als »Künstler«: ein Nomen, ein Berufsstand und ein Privileg. Alle anderen, die Horden an Dekorateuren, Kunsthandwerkern, Ornamentisten, Stuckateuren, Karikaturisten, Chansonniers, Zeichnern und Architekten blieben der polizeilichen und ministerialen Überwachung ausgesetzt. Kraft ihrer Nähe zur Industrie, zur Werkstatt, zum Proletariat und zum syndikalistischen Imaginären waren diese Nichtkünstler von der sozialen Institution »Kunst« und ihren subjektiven Rechten (Urheberrecht, Kunstfreiheit) ausgeschlossen. So auch jene Bildhauer, die in einer der unzähligen Gießereien im Pariser Ballungsraum arbeiteten: Wer unter einem Dach mit mehr als zehn anderen

Bildhauern arbeitete, lauteten die vorrevolutionären Gesetzestexte, verlor alle politischen Prärogative des *artiste.*[226] Acht Tage nach dem Appell Courbets verzeichnete das Gründungsprotokoll der *Fédération des Artistes de Paris*: »Der Saal war randvoll und alle Künste waren großzügig vertreten: Maler … Bildhauer … Karikaturisten … Tiefdrucker … viele Architekten und Ornamentisten. Mehr als 400 Menschen waren versammelt.«[227]

So viel zu den sozialgeschichtlichen Hintergründen des tabuisierten Ornaments. Doch sobald diese Sozialgeschichte ausgeklammert wird, wie es die Kunstgeschichte gerne tut, löst sich dieses Tabu in den Allegorien der Kunst auf, und zwar bis zur absoluten Unkenntlichkeit. Es wirkt der schamhafte Zauber der sozialgeschichtlichen Euphemisierung. Ein Künstler sein heißt dann nicht mehr, den Bestimmungen des Arbeitsrechts entsprechend »außerhalb der Fabrik arbeiten«, sondern *alleine* schöpfen; man *zerbricht an der Kunst* und wird als unnahbarer Büßer bald selber porträtierbar. Das Kunstwerk ist nicht mehr gesetzmäßig eine bloße *Einzelanfertigung*, sondern eine *ästhetische Ausnahme.* Der Mäzen wendet nicht mehr *Fabrikprodukten* den Rücken zu, sondern der Kategorie *Kunsthandwerk.* Der Kunstliebhaber lernt, die soziale Teilung als Schönheit zu goutieren. Schließlich, am untersten Ende der Hackordnung, plappern allerlei niedere Kunstinstitutionen von der »Aura« des Kunstwerks und bezeugen dadurch die irreversible Metamorphose ihres Standes in eine Glaubensgemeinschaft.*

* Auch die Landwirtschaft verzichtet auf Ornamente. Im Kurzfilm *Chaos and Creation,* den Dalí und Philippe Halsman 1960 drehten, dient ein Bild Piet Mondrians als Grundriss eines Schweinestalls.

So beschränkt sich die surrealistische Ästhetik darauf, wie schon die surrealistische Politik, Glaubenskrisen auszulösen und das soziale Unbewusste der Institution Kunst in eine Zündschnur zu verwandeln. Nach wie vor *steht* ja die soziale Teilung, allerdings als ästhetisches Totem: bis 1871 als gesetzliche Definition des Künstlers, noch 1924 als faschistische oder kommunistische Ästhetik der Moderne. Der Glaube an die Kunst, der Bock auf Kultur, die Romanze der zeitlosen Perfektion sind symbolische Fassaden, die es für den Surrealismus niederzureißen gilt. Es gibt somit keine surreale Schönheit, die nicht auch Entblößung des sozialen Unbewussten ästhetischer Kategorien wäre. Auch hier, als Schänder des *Schönen im bürgerlichen Sinne*, zeigen die Surrealisten die geschichtliche Kontinuität und Permanenz sozialer Domination, von der Dritten Republik bis zum Faschismus.

»Dem Fassadenkletterer müssen alle Ornamente zum Besten dienen«, lautet der vielzitierte Aphorismus Benjamins.[228] Dem Einbruch des Realen, das heißt dem Einbruch der sozialen Teilung in die bürgerliche Fiktion der *schönen Einheit der Kunst*, muss Raum gewährt werden – nicht als Proletkult, nicht als Evokation des Fabriklebens, sondern als die bloße soziale Wahrheit der Kunst und ihrer *Produktion durch Menschen.* Nicht die Masse bejubelt also die bald faschistische, bald kommunistische Rationalisierung der Fantasie, sondern jene bürgerlichen Kunstliebhaber, die sich am Ornament ein Geschwür anärgern, jene bürgerlichen Intellektuellen, die mittels der Institution Kunst die Unmöglichkeit der sozialen Wahrheit affirmieren, schließlich jene bürgerlichen Künstler, die die Permanenz der sozialen Teilung signieren.

6.

»In eigener Sache«: Bürgerlicher Bürgerhass

»Das Würdig-Bürgerliche als Heimat des Allmenschlichen, Weltgröße als Kind der Bürgerlichkeit – dies Schicksal von Herkunft und kühnstem Wachstum ist nirgends zu Hause wie bei uns; und alles Deutsche, das aus Bürgerlichkeit ins Geistige wuchs, ist lächelnd zu Hause im Frankfurter Elternhaus.«[229]

Thomas Mann, 1932

»Erlauben Sie, Ihnen meinen intimsten Feind vorzustellen.«[230]

Jules Verne, *Michel Strogoff* (1876)

Erst mit achtzehn wurde ich zum freiwilligen Leser. Davor hatte ich mich mit Händen und Füßen gewehrt. Ich arbeitete damals an der Gemüsetheke des Londoner Nobelkaufhauses Harrods und, etwas später, auch als »personal shopper« (ich trug mal die Einkaufstaschen eines Spice Girls). Harrods zahlte etwas besser als die üblichen Supermärkte und Lebensmitteldiscounter, die mich in meiner früheren Jugend angestellt hatten: Der Laden nahm ausschließlich Personal, das mit den Manieren der Mittelklasse aufwarten konnte (im Grunde jeder Mensch, der gerade noch ohne schallend zu lachen »Sir« und »Madam« zur Kundschaft sagen konnte), insbesondere jener randständige Bereich der Mittelklasse, der genötigt war, dieses Große Können, diese Große Contenance unter Marktwert zu verkaufen. Jeden Morgen um 7:30 Uhr kam der kolossale Mohamed Al Fayed, Milliardär und Greis – ihm gehörte der Laden – höchstpersönlich mit seinen Bodyguards zur Wareninspektion, zur sakralen Inspektion der Würste. Er beanstandete die Präsentation seltener Schinkenware (er selbst trug Maßanzüge), bemängelte die Grünheit mancher Bananen, geriet in eiskalte Rage und disponierte die Möhren und Konserven schließlich selber neu um. Ich habe noch vor Augen, wie diese grandiose Mischung aus Oger und Kind in den Verkaufsständern wühlte, als würde er sich selbst auffressen und die Welt neu erfinden. Er tobte sich aus. Er war zu Hause.

Wir Angestellten, wir Deklassierten oder Emporstrebenden (manche waren beides gleichzeitig; sogenannte Anpacker), wir Ratlosen trafen uns am Kreuzungspunkt von sozialem Aufstieg, sozialem Abstieg, sozialer Zufriedenheit und sozialer Mystifizierung, je nach persönlicher Situation, je nach persönlicher Einbildungskraft. Das spielte alles gar keine Rolle. Die Absteiger entledigten sich auf dem genüsslichen Weg nach unten der bürgerlichen Paraphernalien, die sie nie mehr jemals zu gebrauchen glaubten, welche wiederum von den wenigen Emporkömmlingen zurückhaltend aufgegriffen wurden. Man eignete sich eine gewisse überspannte, künstliche Urbanität an, ein überkandideltes Interesse für halbmarginale Kunst sowie allerlei kanonische Lektüren (H. G. Wells' *The War of the Worlds* war das erste Buch, das mir eine Kollegin auf ihrem Weg nach unten überließ). Später, nach einer weiteren Runde in der Pokémonabteilung eines Spielwarengeschäfts, studierte ich etwas leicht Geisteswissenschaftliches. Ich trat, wie es die Philosophie der frühen Neuzeit empfiehlt, mit dem inneren Idioten ins Gespräch, fand da reichlich Material vor, übertraf mich in dieser Übung um Längen und wurde schließlich *Geisteswissenschaftler.* Viele meiner Gleichaltrigen thronen nun ziemlich oben in der deutschen Gesellschaft. Dirigieren was, redigieren was, »setzen Zeichen« gegen irgendwelche inzestuösen Dämonen. Vor fünfzig Jahren wären es sogenannte Rotary'sche Freunde gewesen; Notare, Uro- und Ufologen, Knappschaftskassendirektoren usw. Sie sind heute im Überbau unterwegs.

Ich erzähle das beiläufig als Beispiel einer trotz aller Zufälligkeiten relativ typischen bürgerlichen Erfahrung. Die biografischen Etappen sind quasistandardisiert: die beachtliche Bandbreite an sozialen Schicksalen, mit denen jeder Bewerber um den Bürgerstatus früher oder später in Kontakt kommt, die spätere Reifung im breiten bürgerlichen Block und im Refugium des Realismus™, die empirisch belegte, extrem starke Homogenität der Ansichten und Ambitionen, die dort vorherrschen, der reale Zugang zu einer Form von kultureller Universalität durch konsequente pädagogische Budgets, der osmotische Erwerb von Mehrsprachigkeit, der okaye Lohn, die Aufnahme in die hölzernste Duzgruppe der Welt, die Entstehung von ausgeduzten Ressentimentgemeinschaften, die eifrige Aneignung eines typischen Soziolekts (»bildungsferne Schichten«, »Polarisierung«, »*personal trainer*«, »irgendwie schon«, »*fake news*«, »Fairness«, »bitterböse Abrechnung«, »große Hafenrundfahrt«, »Empathiefähigkeit«, »genau!« etc.) und einer dazugehörigen Dämonologie (erst war es die süße Masturbation, jetzt sind es die sozialen Medien, die die Apokalypse verheißen).

Wissen, was man will, die gleichen Ansichten teilen: Das nennt man eine Strategie haben, einen Klasseninstinkt haben, eine Klasse sein. Die historische Konkretion »Bürgertum« existiert, und dies ganz ungeachtet der evidenten Demarkationsprobleme, an denen die Soziologie seit gut anderthalb Jahrhunderten zu knabbern hat. Wie deckungsgleich sind Bürgertum und Mittelklasse? Wie verhält sich das Bürgertum demografisch zum Großkapital, zu den britischen *upper* und *middle classes*, zur französischen *bourgeoisie*, zur indischen *Forward Caste*? Wie groß ist die Mittelklasse, die nicht bürgerlich ist? Gehöre ich dazu? Werner Sombart raufte sich schon 1913 die Haare, wenn auch in der seltsam unbekümmerten Sprache der vorreflexiven Soziologie: »Wir schmecken ganz deutlich die Wesenheit der Bürgernatur, wir kennen das eigentümliche Aroma dieser Menschengattung ganz genau. Und doch ist es unendlich schwer, ja: es ist bei dem heutigen Stand der Forschung vielleicht unmöglich, die besonderen ›Anlagen‹, die Grundzüge der Seele im einzelnen zu bezeichnen, die einen Menschen zum Bürger bestimmen.«[231] Eine ähnliche, wenngleich enorm raffiniertere Beklommenheit ist heute noch zu verspüren; trotz zweihundert Jahren bürgerlicher Selbstbespiegelung bleibt »das Bürgertum« die vielleicht diffuseste und umstrittenste Kategorie der Sozialwissenschaften.

Diese nebulösen Umrisse erklären sich unter anderem dadurch, dass scholastische Grundbegriffe nicht nur von großen, meist akademischen Definitionsversuchen leben, sondern vor allem von ihrem billigen Gebrauch im alltäglichen, sprich nichtscholastischen Verkehr. Noch um die Jahrtausendwende war »Bürgertum« weitgehend aus dem bürgerlichen Soziolekt geschwunden, wie selbstredend auch der »Kapitalismus«. Wörter, die das Bürgertum *hasste* und nur als Provokation auffassen konnte. Doch haben sich die Sozialwissenschaften in den letzten zehn Jahren dazu genötigt gesehen, eine Reihe an zeitgenössischen Paradoxien zu erklären, die ohne Rückgriff auf eine stabile soziologische Basis vollends opak geblieben wären – allen voran die institutionelle und politische Konsolidierung eines rechten Zentrismus (kein Oxymoron) in westlichen Demokratien, der ganz explizit die Interessen einer allenfalls minderheitlichen Schicht ökonomisch zu vertreten verspricht.

Zum einen werden zu Recht das Aufkommen der »Extreme« und die Zersplitterung ehemals stabiler Wählerkategorien festgestellt und fieberhaft beklagt. Zum anderen gelingt es westlichen Demokratien in den meisten Fällen dennoch, die Scherben aufzukehren, vorgeblich antagonistische Wählerschaften zu versöhnen und systematische Wahlerfolge für Parteien und Koalitionen zu erzielen, die sich lautstark gegen die Interessen ihrer eigenen Wählerschaft positionieren. Empirisch belegt wurde zudem ein Bedeutungsschwund der Identitätsmarker »links« und »rechts« für sozial dominante Schichten, allerdings für sie allein, und dies, obwohl diese Marker für andere Wählerschichten stark an konkrete, antagonistische politische und ökonomische Interessen gekoppelt geblieben sind.[232]

Die neuerliche Wiederbelebung des »Bürgertums« als analytische Kategorie ermöglicht den eleganten Kunstgriff, sowohl eine demografisch relativ eingeschränkte Klasse zu beschreiben, die ihre Vorrechte politisch weiterhin geltend zu machen weiß, als auch ein lediglich fiktives Klassenbild zu umreißen, dem eine breitere, weniger privilegierte soziale Schicht sich gegebenenfalls anschließt, beispielsweise wenn das Gespenst der »Polarisierungsgefahr« genügend wachgerufen worden ist (an Letztere erinnert erwartungsgemäß der *Megatrend-Report #1* der Bertelsmann Stiftung 2019 mit geradezu paranoider Insistenz[233]). Sei es auch so unbedarft wie bei Susi und Strolch, die sich an einer Nudel zum Küsschen entlanghangeln müssen: Die Bürger hangeln sich entlang ihrer Ängste zur Fiktion der einheitlichen Klasse, der einheitlichen Interessen, der einheitlichen Begierden. Als Klasse mächtig und als Fiktion der Klasse noch mächtiger: Die soziale Konstruktion »Bürgertum« besitzt heute eine durch und durch Vitruv'sche Grundstruktur.

Allerdings behält das Bürgertum dabei das Monopol der legalen Definition des Bürgertums: Das Bürgertum allein verfügt über die Produktionsmittel der sozial sanktionierten Bestimmung seiner selbst, allen voran durch sein Quasimonopol auf die Universität. In Deutschland haben Arbeiterkinder eine genau *zehnfach geringere Chance* als Akademikerkinder, sich durch eine Promotion für eine Universitätskarriere zu qualifizieren (im Grunde und rein statistisch betrachtet sind Akademikerkinder oft sogenannte *nepo babies*: Sie sind die Brooklyn Beckhams und Jimi Blue Ochsenknechts des Überbaus).* Diese enthemmte soziale Selektivität hat bestimmte Auswirkungen auf die Art, wie dominante Schichten über soziale Dominanz sprechen: Scholastische Objektivierungen des Bürgertums sind fast immer unerkannte Selbstobjektivierungen. Das Bürgertum spricht ungern über die *Art*, wie es über das Bürgertum spricht. Es gibt also kleine Reflexivitätsprobleme.

Diese Selbstobjektivierungsdefizite produzieren alsbald die andauernden Zirkularitätserscheinungen, die die Öffentlichkeit in den letzten Jahren geplagt haben. Am kürzesten lässt sich das sehr plump und maximal ressentimentgeladen nacherzählen. Parteien bezeichnen sich im Wahlkampf selbst als »weder rechts noch links« (Emmanuel Macron, manch ein lokaler Grüner auf der Suche nach

* Ich nutze hier die Daten aus dem Jahr 2014, das heißt die Kohorte betreffend, die heute, 2024, prinzipiell auf Professuren berufen werden könnte.

der idealen Mitte, Jean-Marie Le Pen, Sahra Wagenknecht ganz explizit in Sachen Migration, die FDP bis zur letzten Legislaturperiode, die AfD in ihren Gründungsjahren usw. – ist vielleicht *da* die Querfront? ...), ein Soziologe erklärt dann, dass im »21. Jahrhundert [...] die Links-rechts-Unterscheidung zweitrangig« geworden sei (ein »Paradigmenwechsel«[234] ist es sowieso immer), dann wählen Akademikerkinder und -eltern die soeben akademisch legitimierten Weder-links-Parteien. Ich erfinde hier nichts. *Weder links noch rechts, ganz im Gegenteil,* lautet das leidige Bonmot.

Anders gesagt zeichnet sich das Bürgertum im Unterschied zu allen anderen Klassen dadurch aus, dass seine Selbstobjektivierungsdefizite für seine soziale Macht funktionsrelevant sind. Diese soziale Zwitterfigur lebt von der Mystifizierung sowohl ihrer politischen und ökonomischen Heterogenität (wenn sie als Fiktion der Klassenzugehörigkeit fungiert) als auch von ihrer realen politischen Orientiertheit (wenn sie minderheitliche Interessen im Schatten verschreckter Mehrheiten durchsetzt). Sie ist, wie bereits gesagt, in der Ideologiekritik »absichtlich unaufmerksam«.[235] Jetzt kann man hinzufügen: weil sie das heute unbedingt sein muss.

Die Verkürzung der Selbstreflexivität, die das Bürgertum in seine Institutionen tief eingeschrieben hat, erlaubt es ihm, massive Widersprüche innerhalb seiner sozialen Basis zu übertünchen und die Wege der klassenkorporatistischen Praxis offen zu halten. Umso wichtiger ist es, sich genau zu überlegen, wie man mit den wenigen Episoden umgeht, in denen das Bürgertum reale Selbstobjektivierungsversuche unternommen hat.

Der Surrealismus zählt dazu, und zwar hat er das auf eine Art getan, die für das Bürgertum diesmal wirklich paradigmatisch ist. Zum einen ist er dilettantisch damit umgegangen. Die Selbstobjektivierungsversuche des Bürgertums durch den revolutionären Surrealismus sind trotz aller Flamboyanz unbeholfen und vollends ungeeignet geblieben, die politischen Ziele zu erreichen, die sich Breton, Éluard und Aragon auf die Fahnen geschrieben hatten. Zum anderen haben die Surrealisten noch in ihrer revolutionären Redlichkeit ihre klassenimmanente Brutalität fortgeführt und den Preis der Folgerichtigkeit an »die Menge« *outgesourced*. Sie ist schließlich diejenige, die mit dem Bauch in Schusshöhe vor Bretons Pistole steht. So ist der *bürgerliche* Bürgerhass der Surrealisten wörtlich zu nehmen.

Trotzdem sagen diese Selbstobjektivierungsversuche in den allergröbsten Zügen eine Reihe an wertvollen Halbwahrheiten aus. So bringt die »Heucheleikritik«, die die Surrealisten gegen die nervöse Welt von 1924 anwenden, »Spiel« in die Vitruv'sche Konstruktion des Bürgertums als »soziale Klasse«. Sie führen eine *Passungenauigkeit* zwischen Statik und Illusion, zwischen Bürgertum als Klasse und Bürgertum als Klassenfiktion ein. Die Surrealisten machen das, was das Bürgertum bestenfalls erreichen kann: sich als *spezifisches Problem* innerhalb der zum Realismus™ verkommenen Wirklichkeit zu identifizieren und einen Keil in sich selbst zu schlagen.

Zugleich hat der Surrealismus mit beachtlicher Genauigkeit die anthropologische Revolution erkannt, die der Kapitalismus vom Menschen – auch vom Bürger – einfordert, angefangen mit der Gleichschaltung seiner Begierden mit den Kreisläufen der Akkumulation über die Verkürzung seiner Rationalität auf Interessiertheit bis zur erzwungenen Abgewöhnung von Muße und lieblicher Zwecklosigkeit. Noch 1981 konnte Margaret Thatcher diese anthropologische

Revolution unverblümt in ein Kampagnenversprechen ummünzen: »Die Wirtschaft ist die Methode. Das Ziel ist es, die Herzen und Seelen zu verändern.«[236]

Der Surrealismus hat schließlich – im Unterschied zur kommunistischen Leitlinie dieser Zeit – die strategische Klugheit gehabt, diese kapitalistische Revolution *auch* als Verletzung spezifisch bürgerlicher Vorrechte darzustellen und nicht nur als »Vergewaltigung des Menschen« im Allgemeinen, wie es sich Willy Brandt unfassbarerweise noch 1972 zu tun traute.[237] Das surrealistische Klagelied hat mit anderen Worten immer eine doppelte Valenz, einmal als Rettungsversuch der Sonderansprüche, die die Dominierten unter den Dominanten, das heißt das gebildete Bürgertum, an den Kapitalismus stellt, ein anderes Mal als Inkriminierung des Kapitalismus selbst samt seiner bürgerlichen Trägerschaft im Allgemeinen.

Konkret heißt diese doppelte Valenz, dass der Surrealismus sowohl essenzielle Errungenschaften der bürgerlichen Fortschrittsgeschichte verteidigt als auch postuliert, dass sie nicht universal zugänglich gemacht werden können, solange die »Ungleichheit unter den Menschen«[238] die Antriebskraft und Teleologie des Kapitalismus bleibt. Einerseits sollen also Muße, die Abkehr von der Arbeit, die Linderung der ökonomischen Verelendung und ein realer Kosmopolitismus allen zugänglich gemacht werden. Andererseits soll mit finaler Konsequenz das System zerstört werden, das dieser Vergesellschaftung bisher klassenbezogener Privilegien im Wege steht. Die Surrealisten entwickeln das, was der antikapitalistischen Tradition bis zu diesem Zeitpunkt gefehlt hatte (und noch bis heute fehlt): die Entwicklung einer autonomen bürgerlichen Klassenstrategie im Namen bürgerlicher Privilegien im Moment ihrer prinzipiellen Universalisierbarkeit.

Das gesamte Hauptwerk der Bewegung bis 1935 verdeutlicht, wie basal diese Privilegien sind. Wenn Breton, Éluard oder Aragon von ihren poetischen, politischen und amourösen Eskapaden erzählen – sagen wir: in den Romanen *Nadja*, *L'amour fou*, *Der Pariser Bauer*, im Gedichtzyklus *Hauptstadt der Schmerzen* und im Prosaband *Die unbefleckte Empfängnis* –, besteht der erste Befreiungsakt darin, sich dem *otium* zu widmen. Diese Forderung ist fest in der langen antikapitalistischen Tradition des 19. Jahrhunderts verankert.[239]

Die Arbeit, die die Gesellschaft immer zugleich als eine moralische Pflicht und als ein Mittel zur persönlichen Erlösung anpreist, ist dabei doppelt abzulehnen. Die Arbeit (französisch: *travail*, vom altgriechischen *tripássalon*, »ein aus drei Balken bestehendes Folterwerkzeug«) behindert erstens die Spontaneität und Empfänglichkeit, die für jedes Leben unabdingbar ist, das im Zeichen des »absoluten Prinzips der menschlichen Freiheit«[240] gelebt werden will. Mit anderen Worten dient das *otium* im Unterschied zur *Ruhe* und zum *Urlaub* nicht zur Wiederherstellung der Arbeitskraft, sondern zur Wiedergewinnung menschlicher Würde. Zweitens gehört das Folterwerkzeug »Arbeit« abgelehnt, weil es das Hauptstück jeder kommunistischen Geschichtsphilosophie bleibt und ein verfälschtes Bild der menschlichen Freiheit vermittelt: Auch in der Diktatur des Proletariats, sollte sie jemals verwirklicht werden, wird der Arbeiter wie ein Tier arbeiten müssen (wie es sich historisch auch bewahrheitet hat). Breton kommentiert dies während der massiven Arbeiterstreiks des Jahres 1925, die er emphatisch unterstützt:

> In Bezug auf die Arbeit kommen zweifellos die dämlichsten Vorurteile des modernen Bewusstseins, im

> kollektiven Sinne, zum Vorschein. So auch die Arbeiter, die völlig berechtigt über ihr Los erzürnt sind und die üblicherweise ihr Recht zum Leben mit dem Prinzip ihrer Versklavung zu rechtfertigen suchen. [...] Wie paradox es auch erscheinen mag, kultivieren sie ein quasireligiöses Bild der Arbeit. [...] Kann man sagen, dass Herkules, Christoph Columbus oder Newton gearbeitet hätten?[241]

Ein streikender Arbeiter lebt somit eine doppelte Befreiung *praktisch* aus. Er ist sowohl von der Arbeit als alltäglicher »Versklavung« als auch von der Arbeit als kommunistischem Emanzipationshorizont erlöst. Ein streikender Arbeiter ist, als Nichtarbeitender und als Nichtkommunist, fast schon ein Bürger.

Wie lässt sich dies mit den marxistischen Grundannahmen der Surrealisten vereinbaren? Kaum. Marx und Engels unterscheiden die Mittelschicht von den Bourgeois – was ich in diesem Buch zunächst nicht getan habe. Letztere, die Bourgeois, sind Eigentümer der Produktionsmittel und Aneigner fremder Arbeit; sie allein verdienen, als »personifiziertes Kapital«, den Namen Kapitalisten.[242] Die Mittelschicht, diese intermediäre Klasse, ist wiederum zum Untergang verurteilt und in plurale Mittelschicht*en* zersplittert, allesamt nichtproletarisch. Im Wesentlichen sind es zwei. Erstens die traditionelle Mittelschicht, die aus Krämern, Freiberuflern, Ärzten, Kleinbauern und ähnlichen besteht und eigene Produktionsmittel besitzt, ohne sich jedoch die Arbeit anderer anzueignen; zweitens die lohnabhängige Beamten- und Bedienstetenklasse, die aus »Regierung, Pfaffen, Juristen, Militär« sowie allerlei Staatsdienern, Ingenieuren, Technikern und Professoren besteht. Sie bilden die »›ideologischen‹ Stände«[243] und sind

»die direkten Lohnarbeiter« der »müßigen Kapitalisten, das heißt de[r] Grundrentler und de[r] auf Zins leihenden Kapitalisten«.[244]

Zwei neomarxistische Revisionen müssen hinzugefügt werden. Erstens sind die Mittelschichten kein *Übergangsphänomen* geblieben, wie es Marx und Engels prophezeiten, sondern haben im Laufe des 20. Jahrhunderts einen massiven demografischen Zuwachs erlebt. Zweitens bildete sich aus der Beamten- und Bedienstetenklasse im Zuge der Professionalisierung der Öffentlichkeit eine »mittlere Bourgeoisie«, einst »Intelligenz« genannt, heute gerne als »professional managerial class«[245] tituliert, die nicht mehr nur zwischen Kapitalisten und Proletariern vermitteln musste, *sondern bald auch zwischen Kapitalisten und traditioneller Mittelschicht*, wiederum »Kleinbürgertum« genannt oder, noch bei Mao, »die unteren Schichten der Intelligenz«.[246] Die »mittlere Bourgeoisie«, die bald auf allerlei Kongressen sich produzierte, sah sich nun damit beauftragt, Konsenspositionen und konsensfähige Kritik zu erarbeiten, die die tief verankerten Ressentiments des Kleinbürgertums mit den Klasseninteressen der Kapitalistenklasse versöhnen sollte. Falls »die Kultur« nicht hinlangte, erfolgte diese Versöhnung in der Regel mittels des ideologischen Triumvirats *Chancengleichheit – Meritokratie – Demokratisierung*.[247] Diese mittlere Bourgeoisie, die seither zwischen Kleinbürgertum und Kapitalisten vermitteln muss, ist heute die wesentliche Trägerschaft einer jeden progressiven Kritik. Zusammengefasst: Die mittlere Bourgeoisie *bleibt* und ist noch mächtiger geworden. Das sind schließlich die Leute, um die es in diesem Buch in erster Linie geht.

Eine dritte Revision schlagen die Surrealisten selber vor, bzw. sie ist im surrealistischen Bürgerhass unmittelbar impliziert. Die mittlere Bourgeoisie, der sich die Pariser Kerngruppe zweifelsohne selbst zurechnete, hat im Laufe ihrer Entwicklung die ihr zugedachte Rolle weit übertroffen. Wo sie einst, als ideologischer Stand, nur dem Proletariat und dem Kleinbürgertum die Ausbeutung schönlügen sollte, erweiterte sie bald ihren ideologischen Durchgriff auf die »Kapitalistenklasse« selbst, die nun den ideologischen Leistungen der mittleren Bourgeoisie zum Opfer fiel. Und ein Stück weit ist diese Machterweiterung der mittleren Bourgeoisie selbsterklärend: Kapitalisten plappern ja auch nur die Kritik und Utopien nach, die ihnen die mittlere Bourgeoisie bereitstellt. Erst in Hinblick auf diese Machterweiterung kann allerdings mit den Surrealisten von einer realgeschichtlichen »bürgerlichen Welt«[248] die Rede sein. Die mittlere Bourgeoisie ist dementsprechend Zielscheibe der schwerwiegendsten surrealistischen Schändungen: Der bürgerliche Subtypus Literaten-Professoren-sozialdemokratische Honoratioren, gefolgt von einem fidelen Leichenzug aus Prätendenten und Gernegroßen aller Couleur, bildet die einzige Klasse, deren Entmachtung *sowohl strategisch relevant als auch taktisch erreichbar* ist.

Das ändert einiges, strategisch gesehen. Noch 1848 konnten Marx und Engels die Bourgeoisie nämlich als jene Klasse definieren, die sich dem Realitätsprinzip am schonungslosesten hingegeben habe und »an die Stelle der mit religiösen und politischen Illusionen verhüllten Ausbeutung die offene, unverschämte, direkte, dürre Ausbeutung gesetzt« hat.[249] Die Bourgeoise habe die Menschen nun »endlich gezwungen, ihre Lebensstellung, ihre gegenseitigen Beziehungen mit nüchternen Augen anzusehen«.[250] Die Bourgeoisie avancierte so zur »first *realistic* class of human history«[251] (Franco Moretti). Ab 1924 gilt für die Surrealisten diese Analyse nicht mehr. Durch das Überschwappen des Realismus™ und seiner Mystifizierungsleistung in die Kapitalistenklasse erhält der *bürgerliche Bürgerhass* der Surrealisten vollkommen andere Implikationen, als es ein Jahrhundert gelehrter Kolportage suggeriert hat. Auch, im Übrigen, für uns Zelebranten.

Das lässt sich im autobiografischen Modus vielleicht am bündigsten zu Ende erzählen. In Harrods gab es eine kleine Buchhandlung, da habe ich mir mal aus Langeweile einen Band Virginia Woolf geholt. Das war die ganz falsche Medizin. *Non merci!* Die Buchhandlung gibt es auch nicht mehr. Meine erste Lektüre des Surrealismus folgte mit Ende zwanzig und in englischer Übersetzung (*Le Con d'Irène* von Aragon, mit fleischfarbenem Umschlag und perlweißem Lesebändchen), diesmal nicht aus Ennui, sondern aus lauter Heiterkeit bezüglich meiner aktuellen Stellung in dieser prächtigen Welt. Damals lebte ich an der Ostküste der Vereinigten Staaten, wo ich mit einem Stipendium in Harvard studierte. Das war die Zeit, als es in New York City mit Occupy Wall Street losging, eine Bewegung, die mir bald suspekt erschien, weil dort wochenends auch jene meiner Kommilitonen hinpilgerten, die ohne Stipendium studieren konnten und sonst vollkommen politisch indifferent waren. Meine Kommilitonen schrieben plötzlich alle für die recht unnötige Zeitschrift *n+1*, wo diese Geld- und Kritikleute dithyrambische Reportagen über die Insurrektion der 99 Prozent publizierten.

Dabei vertrat Occupy politische Positionen, die in groben Zügen denen meiner Generation entsprachen. Milleniale Theoreme, die seitdem zunehmend aus der Mode gekommen sind, wie alle Dinge, die noch kürzlich bei der Baby-Boomer-Generation nostalgischen Anklang finden konnten. Trotzdem waren die Demonstranten gut organisiert, sie nannten die Dinge beim Namen und hatten den Zuspruch einer knappen Mehrheit der Bevölkerung. Als Bonus war die Bewegung nicht ganz so furchtbar sozial homogen wie viele der Protestbewegungen, die man in Europa »erleben« kann: Unterwegs waren Angestellte, Arbeitslose, Obdachlose, Studierende an *community colleges*, Gewerkschafter und, wochenends, die mittlere Bourgeoisie.

Die Bewegung fand schnell Unterstützung bei jenen Notabeln, die auf die ideologische Unterstützung der mittleren Bourgeoisie dringend angewiesen sind: beim Milliardär und künftigen Bürgermeister New Yorks, bei der Großinvestorin und Vorsitzenden der demokratischen Fraktion sowie beim CEO von Bain Capital und späteren Präsidentschaftskandidaten Mitt Romney, der übrigens im Bostoner Vorort Belmont mein direkter Nachbar war.

Bald vergaß man die Aufregung. Occupy ging mit Mann und Maus unter, ohne dass eine einzige ihrer Hauptforderungen erfüllt worden wäre. Alles für die Katz, von längerfristigen und bisher weitgehend folgenlosen Effekten wie der Popularität eines Bernie Sanders unter Studentinnen und Studenten, der Wiederbelebung teils abgedroschener sozialistischer Parolen und der Publikation einiger guter Bücher abgesehen. Das ist nicht wenig. Geblieben ist allerdings ein politisches Symptom: die kollektive Unfähigkeit großer Protestbewegungen, die Selbstreflexivitätsdefizite der bürgerlichen Mitdemonstranten abzuweisen, das heißt konkret: *ohne Vormundschaft der mittleren Bourgeoisie klarzukommen.*

Von Anfang an verunmöglichte die Selbstbeschreibung von Occupy nämlich eine Reflexion darüber, welche Ziele *sowohl strategisch relevant als auch taktisch erreichbar waren.* Denn um noch zu »the 99%«, das heißt zum verfemten Teil der US-amerikanischen Bevölkerung zu gehören, genügte es laut Statistiken, ein Vermögen von weniger als circa 10 Millionen Dollar zu besitzen bzw. einen *monatlichen* Bruttolohn von weniger als circa 50 Tausend Dollar zu verdienen. Das war sehr großzügig gerechnet. Es dürfte in der Tat alles andere als evident sein, welche politischen Ziele ein zehnfacher Millionär mit einem Menschen gemeinsam haben kann, der jeden Tag dabei zusehen muss, wie sein Lebensgefährte von der erniedrigenden Qual eines brutalen Jobs fertiggemacht wird. »A Grecian statue kicked in the privates«, schrieb einst der Dichter Philip Larkin.[252] Auch bei Occupy gab es also kleine Reflexivitätsprobleme.

Spätere Protestbewegungen haben allerdings dazugelernt; die Indignados in Spanien oder auch jene Teile von Black Lives Matter, die fern von den urbanen Ballungsräumen mit Vehemenz für ihre Rechte gekämpft haben. Die erste, linke Welle der Gelbwesten hat vollständig auf jegliche Repräsentation ihrer Interessen durch Intellektuelle verzichtet, auf konkreten Forderungen beharrt und infolgedessen ihre Ziele erreicht. Damals ging es allein um die Abschaffung einer sozial blinden Kraftstoffsteuer, die den ohnehin stark gebeutelten Mindestlohnempfängern den Rest gegeben hätte – das sind immerhin circa 13 Prozent der Vollzeitbeschäftigten in Frankreich. Doch die Lektion könnte universalisiert werden. Es ist durchaus denkbar, dass eine neue, strikt *output*orientierte, weniger dialoglastige, vielleicht praktischere Protestkultur zielführender wäre als die diskursiven Orgien des letzten Jahrzehnts. Vor allem würde so vermieden, dass die mittlere Bourgeoisie die jeweils eiligsten und zentralsten Problemstellungen dieser Bewegungen verfälscht.

Die mittlere Bourgeoisie kritisiert ja in der Regel nur jene Macht, von der sie glaubhaft suggerieren kann, sie sei nicht ihre eigene; diese zweifelhafte Ehre fällt dann den

1 Prozent anheim, zu denen man eben nicht gehört, oder nötigenfalls – wenn man wirklich sehr reich ist, trotzdem querulieren will und dabei reich bleiben möchte – sind es die 0,1 Prozent, wie es neoliberale Ökonomen im Zuge der Occupy-Bewegung in der *New York Times* vorschlugen: »We are the 99.9%.«[253] Hier ist die Nachkommastelle überlebensrelevant. Es sind *immer* die anderen. Der Verzicht auf die identitären Vexierspiele der mittleren Bourgeoisie – denn die mittlere Bourgeoisie kann schon lange nicht mehr anders, als identitär zu argumentieren, auch dann noch, wenn sie gegen Identitätspolitik poltert – würde Platz für eine andere Logik des sozialen Kampfes schaffen. Nicht eine vielbeschworene »Konvergenz der Kämpfe« könnte man anstreben, bei der Mitt »Che« Romney den im Schneider sitzenden Lumpen aus den *Früchten des Zorns* vorliest, sondern eine elementare *Divergenz der Kämpfe*, bei der nicht nur Romney, sondern auch die oberen 10, 20, 30 Prozent erstmal als eigenständiges strategisches Problem verstanden werden, bevor man sie gegebenenfalls zu Verbündeten macht.

Für die Surrealisten geht es nicht Mitt, sondern nur ohne Romney, denn:

> So viel ist klar, ich hasse die Herrschaft des Bürgertums
> Die Herrschaft der Bullen und der Priester
> Aber ich hasse noch mehr den Menschen, der sie nicht hasst,
> Wie ich,
> Mit all seinen Kräften.
> Paul Éluard, »Kritik der Dichtung« (1932)[254]

Ihr erklärtes Ziel war es, den ideologischen und politischen Zusammenhalt der Mittelklassen mit der mittleren Bourgeoisie und der Kapitalistenklasse zu zerschlagen. Die politische Logik ist simpel. Erst wenn die nicht-ganz-bürgerlichen Mittelklassen den obereren, passabel dichtenden und gut besitzenden Schichten ihre Solidarität aufkündigen und mittels dieser Zäsur sodann ihren Zusammenhalt mit der Kapitalistenklasse auflösen, können die konzertierten politischen Aktionen der Mittelklassen und des Proletariats auch politische Konsequenzen haben. Eine Stufe höher in der sozialen Stratifikation soll die mittlere Bourgeoisie in jeder revolutionären Situation wiederum vor die Wahl gestellt werden, entweder ihre Vermittlungsarbeit zwischen Kapital und Mittelklassen fortzuführen oder diese zu verweigern, um schießlich eine »globale Revision der Mächte«[255] zu ermöglichen (Breton). Verweigert die mittlere Bourgeoisie diese »infame«[256] Dienstleistung, wozu die zwölf grandiosen Ausgaben von *La Révolution surréaliste* dauernd aufrufen, so tritt die mittlere Bourgeoisie in einen »Streik«: Ein streikender Intellektueller ist schon fast ein Arbeiter.[257]

(*Anekdote zur mittleren Bourgeoisie*: Manche Menschen träumen ein Leben lang davon, einmal zu einer Veranstaltung eingeladen zu werden, wo sie Frack und Kummerbund tragen werden *müssen*. Aber bloß keine Hochzeit auf dem Lande! Nein. Etwas Glamouröseres. Andere, bescheidenere, wollen nur gute Arbeit machen und nicht allzu früh verlöschen. Eine gute Freundin, eine Naturwissenschaftlerin, schaffte es mit 24, sowohl in Yale aufgenommen zu werden als auch in der Fachzeitschrift *Nature* zu publizieren: Besser und jünger geht es nicht. Dabei stammt sie aus einem dezidiert subbürgerlichen Elternhaus: Der liebe

Herr Papa ist Kammerjäger. Erhobenen Hauptes holte sie ihre Promotionsurkunde in demselben Paar Schuhe ab, das sie schon im dritten Semester angehabt hatte. Trotz ihres Werdegangs lehnte eine große öffentliche Forschungsgemeinschaft ihren Antrag auf ein Postdoc-Stipendium mit der Begründung ab, sie würde keine sozialen Medien verwenden und könne somit ihre Forschungsergebnisse nicht »öffentlich machen«. Ich habe das miese Ablehnungsschreiben selber gesehen. Dabei geht es dem intellektuellen Bürgertum und seinen Institutionen keinesfalls darum, Forschungsergebnisse, Wissen und Kultur für alle zugänglich zu machen, wie es die Surrealisten einst wollten. Im Gegenteil: Es zählt eher die Publikationen, die hinter einer sogenannten *Paywall* stehen. Die Bereitschaft, kostenpflichtige Veröffentlichungen zu vermarkten, die aus öffentlichen Mitteln finanziert wurden, das heißt die Bereitschaft, die Öffentlichkeit zu *enteignen* und diesen Enteignungseifer auf einer privat betriebenen Webseite zu posaunen, muss jeder Postulant zuvorkommend signalisieren. Bürgerliches Intellektuellentum bedeutet letztlich immer: Der Account steht bereit, bevor es überhaupt etwas zu veröffentlichen gibt. Die Frechheit ist angeboren und kann nicht erworben werden. »Öffentlich machen wollen« heißt demnach, nichtbürgerliche Intellektuelle auszuschließen. Ende der Anekdote.)

7.

Im Angesicht apokalyptischer Aussichten: Figuren einer Politik der Möglichkeiten

»Nicht an das Gute Alte anknüpfen,
sondern an das schlechte Neue.«[258]

Walter Benjamin, *Tagebuch*, 1938

»I appeal to the middle classes.«[259]

William Makepeace Thackeray, *Vanity Fair*, 1848

Frage: Was widerfährt den Surrealisten, nachdem der Nationalsozialismus und der Faschismus über Europa gerollt sind?

Antwort: Unehrenhaftes, und zwar bis zur endgültigen Kompromittierung. Nach dem Zweiten Weltkrieg ist der Surrealismus als Politik gestorben. Er hat dafür als jene »Kultur«, das heißt als jene *Schriftstellerkongress*-Kultur weitergelebt, die er zeitlebens bekämpfte.

Die Frage kann konkreter gestellt werden: Wie konnte ein Mensch wie Dalí, der 1929 mit Buñuel *Ein andalusischer Hund* drehte und bei jeder surrealistischen Priesterbeleidigung »immer vorneweg« war, kurz danach von Papst Pius XII. zu einer Privataudienz empfangen werden, sich im Exil als offizieller Porträtist der New Yorker Oberschicht andienen und in der Diktatur General Francos zu künstlerischer Prominenz avancieren?

Wenige Konversionen sind so oft und so genüsslich erzählt worden wie der faschistische *turn* ehemaliger Antifaschisten. Dabei prägten regressive Ansichten und Sehnsüchte den Surrealismus schon seit seiner Frühphase, wie zum Beispiel die brachiale Homophobie eines kleineren, doch mächtigen Teils der Kerngruppe, ihre unerbittlich grelle Anfeindung anderer Kunstbewegungen, ihre Behaglichkeit, sich über die Ängste und Nöte anderer zu mokieren, ihre obszöne Billigung des revolutionären In-die-Menge-Schießens. In der Pariser Gruppe herrschte zudem ein derartig autoritärer Tonfall, dass ab Mitte der 1920er Jahre immer mehr Mitglieder von der Gruppe zum Austritt gedrängt wurden bzw. sich mit großem Tamtam von ihr abwandten. Dalí selbst schreibt über diese Zeit in der für ihn geläufigen dritten Person: »Dalí ließ sich zum Glück nicht auf neblige Theorien festlegen. Wenn Breton von Politik redete, kam er mir vor wie ein Volksschullehrer, der einer Elefantenherde, die durch einen Porzellanladen trampelt, die Verkehrsregeln beibringen will. Die Disziplin! Er führte immer nur dieses eine Wort im Mund! Für einen Künstler war das die Pest!«[260]

Bürgerliche Rebellionen gegen das Bürgertum sind nie von Dauer. Auf diese Klasse ist erfahrungsgemäß selten Verlass. Die Sozialgeschichte lehrt zur Genüge, wie der ungehorsame Teil der mittleren Bourgeoisie eine Weile von sich selbst als einer radikal freiheitlichen, radikal folgerichtigen Klasse träumen kann, um kurz darauf als faschistoider Clan aufzuwachen. Daher heißt die wichtigste geschichtliche Lektion des politischen Surrealismus, gerade weil er schließlich in ein desaströses Versäumnis mündete: Nicht eine kohärente und glaubwürdige Revolutionstheorie, nicht ein *dauerhaft* und *konsequent* zur Selbstkritik disponiertes Bürgertum, sondern glückliche

Klassenfügungen sind erstrebenswert. Es kommt in der leidigen Geschichte des Verhältnisses des Bürgertums zu seinem Klassenäußeren immer nur auf Synchronitäten an: Klassenpositionen sollen im Verhältnis zueinander so angeordnet werden, dass sich Möglichkeiten für eine folgerichtige Politik ergeben, wie kurzlebig diese Möglichkeiten auch sein mögen. Dann können, wie es im Deutschen so schön heißt, Tatsachen geschaffen werden.

In dieser politischen Grammatik ist vollkommen unklar und in deskriptiver Hinsicht zunächst vollkommen irrelevant, welche Tatsachen erstrebt werden. Für die Surrealisten heißen sie: Abschaffung der Klassengesellschaft, Freiheit, Möglichkeiten, *otium*. Diese Inhalte kann man teilen oder nicht. Doch die Überwindung der politischen Lähmung bleibt – schenkt man den Gelähmten Glauben – eine Erlösung an sich. Das »wäre was«.

Trotzdem darf man nicht verhehlen, dass der politische Surrealismus zwischen 1924 und 1935 vor allem antikapitalistisch, antifaschistisch, antiimperialistisch und libertär ist und dass deswegen die abstrakte Grammatik der Klassenkonstellationen immer schon konkretisiert war. Die Situation, in der und für welche die Surrealisten agierten (und vor allem agitierten), war bestimmt von drei relativ simplen Faktoren:

1) *Ein zur Selbstschwächung disponiertes Bürgertum*, das heißt eine sozial dominante Klasse, die immerhin zeitweise dazu in der Lage war, sich als *partikulares Problem* in ihrer Litanei der *vielen Probleme* zu identifizieren (vgl. die vielen, wechselhaften, selektiven, weltgeschichtlichen, oft verfälschten Klagen, die ich in Kapitel 1 aneinandergereiht habe).

2) *Starke aufständische Kräfte*, das heißt einerseits die Fähigkeit der »Opfer des sozial akzeptierten Sadismus«

(Richard Rorty)[261] nötigenfalls zur Insurrektion durchzubrechen, andererseits funktionale Formen der institutionellen Politik (Parteien, Gewerkschaften usw.), die gegebenenfalls im Interesse dieser Opfer intervenieren können.

3) *Ein klarer normativer Horizont*, konkret im Falle des Surrealismus: ein klares Verständnis der essenziellen bürgerlichen Vorrechte, die die Revolution überleben und dann universal zugänglich gemacht werden sollen. Weniger arbeiten, gleichmäßig verteilen, die Wahrheit sagen dürfen usw.

Eine günstige Konstellation ergab sich Mitte der 1930er Jahre: Am 4. Juni 1936 wurde Léon Blum als erster sozialistischer Premierminister Frankreichs gewählt. Die *Volksfront* (fr. »Front Populaire«), die sich aus einer Koalition von Sozial-Liberalen (die im Grunde *linksliberale* »Parti radical«) und Sozialisten mit Unterstützung der Kommunistischen Partei Frankreichs zusammensetzte, führte die 40-Stunden-Woche, einen bezahlten Urlaubsanspruch, das Streikrecht sowie bessere Arbeitslosengesetze ein. Ein Jahr und siebzehn Tage nach ihrer Wahl trat die Regierung zurück (das übliche »viele Probleme«) und wurde durch ihre soziallberale Komponente ersetzt, die inzwischen dominant geworden war und nun dienstherrisch versprach, »Frankreich wieder an die Arbeit zu bringen«.[262] Die 40-Stunden-Woche wurde abgeschafft. Ein Jahr später befand sich der linksliberale Premierminister Édouard Daladier im Führerbau in der Münchner Arcisstraße und unterzeichnete mit Adolf Hitler, Benito Mussolini und Neville Chamberlain das Münchner Abkommen, das die Auslieferung des Sudetenlands an das Deutsche Reich besiegelte. So viel zur Konvergenz der Kämpfe.

Andere Konvergenzen: Auf eine kurzlebige Phase der begeisterten Unterstützung der Surrealisten für die Volksfront folgt eine Phase der bitteren Desillusionierung. Breton, der die Entwicklung der Volksfront in zahlreichen Aufsätzen analysiert, drängt schnell zu einer anderen Interpretation der politischen Situation und dessen, was »Politik« in jenen Tagen heißen sollte:

> [...] die französischen Arbeiter führen ein neues, von ihnen vollkommen unerwartetes Kampfsystem ein, besetzen Fabriken, und allein durch die simultane Ergreifung dieser Attitüde bringen sie ihre Grundforderungen zum Triumph. Die Spontaneität und Schroffheit dieses Anfangs (für die keine der bestehenden Parteien die Verantwortung tragen möchte), der Fakt, dass er um sich greift und sich verbreitet, dass ihn scheinbar nichts daran hindern wird, seine unmittelbaren Ziele zu erreichen, dass er alle dementiert, die seit dem Krieg den Kampfgeist des französischen Proletariats verleugnet haben, dass er schließlich einen Präzedenzfall bildet, der das französische Bürgertum von dem Ende seiner Herrschaft konkret überzeugen wird: Das alles bringt die Hellsichtigeren zur Gewissheit, dass »die Französische Revolution begonnen hat«.[263]

Gegen Parteien im Allgemeinen, bald gegen die Volksfront im Besonderen, gehen die Surrealisten mit dem Fleischermesser durch die politische Rhetorik der Konvergenz und dessen, was sie verachtend als eine Politik der »reformistischen Überbietung« bezeichnen: Die Volksfront begleicht ihre Kriegsausgaben mit der Kaufkraft der Arbeiter, der nationalistische Duktus ist in den Händen der Linksliberalen und der Kommunisten widerlicher als je zuvor, die Volksfront kehrt unverzeihlicherweise dem spanischem

Bürgerkrieg den Rücken, verhätschelt in Frankreich wiederum »das kapitalistische Regime« und jene Sozialdominanten, die die Surrealisten nach eigener Aussage »doch erlegen wollten«. Gegen diesen reformistischen Terror fordern die Surrealisten *Freiwillige* und *Waffen.*[264]

Schauen wir uns die Konstellation von der anderen, noch brutaleren, zynischeren, stalinistischen Seite an. Hier macht die kommunistische Partei nicht nur Kompromisse mit dem linksliberalen Bürgertum, sondern ausschließlich *schlechte Kompromisse.* Sie plustert sich plötzlich als patriotische Partei auf (und die Jungkommunisten posieren als Neue Jakobiner, Rousseauisten, Demokraten, Republikaner, alles was geht, um ein bisschen Parkettfähigkeit zu erhaschen), die Partei gedenkt des unbekannten Soldaten und lobt das »nationale Kulturerbe« Frankreichs – den Franzosen »ihre« Kultur, den Franzosen »ihre« Geschichte, den Franzosen »ihre« Intellektuellen, den Franzosen »ihre« Masse.[265] Das ist der hohe Preis der kurzweiligen Universalisierung bürgerlicher Privilegien durch die Volksfront (mehr Lohn, mehr *otium*) und zugleich die ebenso teure Garantie einer verhängnisvollen Reproduktion bürgerlicher Strukturen in und jenseits der Volksfront, wie es tatsächlich kurz daraufhin passierte. Die französische kommunistische Partei blieb nicht lange von der Entstehung ihres eigenen parteiinternen, kryptobürgerlichen Verwaltungsadels verschont, der sowohl die ideologische Ausrichtung der Partei als auch ihr Verhältnis zur Wählerschaft irreversibel beschädigen würde. Bald schlossen sich die lose Verbündeten des Surrealismus – die Zeitschriften *La Flèche, Clarté,* usw. – nach und nach dem Vichy-Regime oder den prostalinistischen Kommunisten an. Ab 1935 strömen wiederum alle surrealistisch Empfindenden zusammen in einer Kampagne der totalen Opposition gegen beide politischen Fronten. Sie denunzieren die hier faschistisch, dort stalinistisch unterfütterte Rückkehr der »Familie, der Heimat [...] und der Ungleichheit unter den Menschen«.[266]

Alle liegen also falsch, jeweils auf ihre eigene Art. Doch das historisch Wichtigste geschieht trotzdem – und hierauf liegt die erste Betonung dieses Kapitels. Arbeitnehmerrechte werden massiv ausgeweitet, die Arbeitszeit reduziert und die materiellen Umstände der Bevölkerung signifikant verbessert. Die Volksfront ist auf eine Art erfolgreich, ihre Errungenschaften sind so real, wie es keine der künstlerischen Avantgarden und ihrer Strategien jemals zu werden hoffte. Aus der Perspektive der Dominierten – denn sie allein haben eine adäquate Kenntnis der Dominanten und der dominanten Politik, wie Machiavelli schon wusste[267] – ist die Volksfront Trägerin der einzigen, konkret politischen *Möglichkeiten*, die von existenzieller Bedeutung sind. Es gibt weniger Hunger, mehr Zeit, mehr Rechte, mehr Würde und eine historische, halbutopische Perspektive, die weder faschistisch noch stalinistisch ist. Zwischen 1936 und 1938 erzählt die Volksfront – und nicht der Surrealismus – die einzige progressive Geschichte, die politisch erzählenswert ist.

Nicht so im Jahr 2024 – und hierauf liegt die zweite Betonung dieses Kapitels. Denn der Surrealismus ist in einem wesentlichen Punkt gescheitert: in der *Normalisierung* einer konsequenzreichen Bürgertumskritik. Wesentlich war dieser Punkt für den Surrealismus selbst, da er extrem disparate Ansichten zu bündeln vermochte und den Mitgliedern der Gruppe einen essenziellen Moment der Klassenreflexivität ermöglichte. Wesentlich ist er aber auch für uns, die wir uns erneut dem irritierenden Problem dilemmatischer Macht stellen müssen.

Versäumnisse haben nämlich immer das letzte Wort. Alles, noch einmal, schön dialektisch aus dem ersten Kapitel erneut aufgetischt: die steigende Ungleichheit der Kapitalverteilung und der Lebenserwartung zwischen Ländern, Klassen, Ethnien und Individuen, die Privatisierung der Gewinne, die Sozialisierung der Verluste, die Fiktivität ökonomischer Maßeinheiten (*Übung*: definiere die nicht-fiduziarische Substanzialität eines »Dollars« und definiere den Wert dieser Substanzialität selbst), allgemein die Esoterik der Wirtschaftswissenschaften (eine Disziplin, deren prognostische Verlässlichkeit bestenfalls mit der der Astrologie der Renaissance vergleichbar ist), der neuerliche Rückgang der Lesefertigkeit bei Akademikern in Europa und den Vereinigten Staaten, die sinkende durchschnittliche Lebenserwartung in westlichen Gesellschaften seit 2018, die funktional-dysfunktionale Neutralisierung des Protests zu teils verbalen, teils symbolischen, allenfalls kostenneutralen Ansprüchen auf Gerechtigkeit, die mondäne Vereinnahmung realer sozialer Fortschritte, die obszöne Geschichtsvergessenheit der managerialen Amtssprache (Henri de Castries, damals CEO von Axa, im Jahr 2012: »Arbeit ist Freiheit«; de Castries ist im Übrigen ein Nachfahre des Marquis de Sade), die Tabuisierung des Extremismus der Mitte, die unaufhaltsame Zerstörung von Biosphäre und Biodiversität, die Zersetzung sozialer Gemeinschaften durch Flexibilitäts- und Disponibilitätsansprüche, die Privatisierung öffentlich finanzierter Forschungsergebnisse, die Überwachung, das Abhören, die Lohnabhängigkeit als Schicksal, die Massenarbeitslosigkeit, die militärischen Nichtinterventionen im Namen der geopolitischen Multipolarität, die Migrantenhavarien und so weiter und so fort. Die Begründbarkeit solcher Klagen (es sind die quasi aller, mit denen ich beruflich verkehren *könnte*) ist hier nebensächlich.

Jetzt, 2024, sind die Aussichten apokalyptisch – als apokalyptisch zu bezeichnen sind nämlich alle sozialen, politischen, ökologischen Sachlagen, die sogar noch dann, wenn sie nicht ernst genommen werden, zum Schicksal werden müssen. Die surrealistische Kritik am Bürgertum gewinnt dabei weiter an Relevanz, und zwar zunächst im Rahmen einer strategischen Notsituation: Wie stellen wir uns den ökologischen, ökonomischen, politischen Tatsachen, die unsere Existenz nun vollständig zu zerstören drohen? Reform soll, so der Lehrsatz, vierzig Jahre dauern. Die Zeit haben wir angeblich nicht mehr.

Die surrealistische Strategie kann dabei nicht ohne tiefgreifende Korrekturen auf die gegenwärtige Lage übertragen werden. Ein konzeptuelles System funktioniert nämlich kaum »jenseits seines originären Umfelds, jenseits der kollektiven abgesprochenen Ausdrucksmodalitäten, die es erzeugt haben« (Félix Guattari im schönen Aufsatz »Everybody Wants to Be a Fascist«[268]). Korrigieren und verschieben wir also ein wenig. Im Folgenden wiederhole ich das gleiche Argument aus vier unterschiedlichen Perspektiven, um es möglichst unmissverständlich darzulegen.

1) Erstens hat der Kapitalismus, diese Realsatire, den Typus »Bildungsbürger« weitgehend desavouiert, und zwar just in dem Moment, als die tertiäre Ära, ihre »Bildungsaufträge«, »Kulturkompetenzen« und *soft skills* lautstark eingeläutet wurden. Der Bildungsbürger verkörperte einst die Schnittstelle zweier Säulen der sozialen Domination, genau genommen die Überlappung von symbolisch-kultureller und materieller Gewalt, und war deswegen Ziel der Angriffe der politisierten Avantgarden: Der Bildungsbürger tanzte auf allen Hochzeiten. Abgesehen von wenigen Institutionen wie der Universität, die diese Überlappung noch

achten (und manchmal virulent kritisieren), ist mir nicht mehr ganz klar, inwiefern man diesem spezifischen bürgerlichen Subtypus heute noch materielle *und* symbolisch-kulturelle Macht plausibel zuschreiben kann. Auch hier scheinen zwei Theoreme diesen Bedeutungsverlust zu verbriefen. *Erstes Theorem*: Das Bürgertum scheint dann fortzubestehen, wenn es eingewilligt hat, sich seiner kulturellen Bürgerlichkeit weitgehend zu entkleiden. Das Bürgertum darf sicher noch die Autorität der Kultur bzw. die Kultiviertheit der Autorität simulieren, doch die wahrlich normative Kraft der Kultur des Kulturbürgers, der Bildung des Bildungsbürgers, scheint gravierend an Verbindlichkeit verloren zu haben. Ist es nicht so, dass der einst so souveräne Bildungsbürger heute meistens wie eine Art *Bürgeroide* daherkommt, wie ein Cyborg, oder Cybürg, dem ramponierte Fragmente aus *Metzlers Literaturlexikon* und *Knaurs historischem Weltatlas* wie ein Stock in den Allerwertesten implantiert wurden? Der Bedeutungsverlust dieser sozialgeschichtlichen Figur ist emphatisch zu begrüßen. *Zweites Theorem*: Die Bildungsbürgerlichkeit scheint wiederum nur dann fortbestehen zu können, wenn sie sich von ihrer traditionellen sozialen Basis abgekoppelt hat. Nach vier Jahrzehnten der Prekarisierung der Gesellschaft – auch ihrer intellektuellen Belegschaft, die sich nun oft als eine Art Lumpendozentariat mit der ebenso hochqualifizierten Konkurenz messen muss – scheinen die kulturellen Ideale der Bildungsbürgerlichkeit eine massive soziale Dispersion erfahren zu haben. Diese Ideale und kulturellen Ansprüche existieren noch, werden aber nun von diversen, atomisierten gesellschaftlichen Typen getragen, die den Preis der Prekarisierung oft nur noch mit einem intrinsischen Interesse für diese Ideale selbst begleichen können (»Vollblutnaturwissenschaftler«, »*Nerds*«, Abonnentinnen und Abonnenten, »Renaissance-Freaks« etc.). Es scheint, als hätte diese soziale Abkopplung diesen Idealen selbst gutgetan, die nun *etwas* unmittelbarer ihre Funktion als Legitimationsbeschaffer erfüllen müssen. Den Cybürgs also das hölzerne *cosplayen* der Kulturtiviertheit; den prekarisierten Intellektuellen wiederum die Forschung, *l'étude*, die *inquiry* – und die Wahrheit: Sie sind viele geworden und müssen nun um hochdotierte, besonders prestigeträchtige Posten konkurrieren. Kurzum, ein Hoffnungsschimmer: Die Cybürgs haben an Niveau verloren, die Intellektuellen sind noch ärmer geworden – und sehen sich vielleicht bald nicht mehr zur Treue verpflichtet.

2) In Kapitel 6 hieß es, dass das Bürgertum heute immer ein Stück weit als eine Klassenfiktion verstanden werden muss, das heißt als die Fiktion einer Werte- und Ansichtszugehörigkeit, die aber in Wirklichkeit beachtliche (und wachsende) Einkommens- und Erwartungsunterschiede übertüncht. Man schließt sich dieser Fiktion im Augenblick politischer Not und politischer Angst an mangels einer folgerichtigeren Alternative. Doch gerade der partielle Fiktionscharakter des aktuellen Bürgertums bietet für seine Kritiker wichtige strategische Vorteile. Was nämlich standhaft wirken muss, aber vor lauter innerer Zerrissenheit nur ach so mühsam stehen kann, ist bestimmungsgemäß zerbrechlich; die Fiktion kann, o heitere Katastrophe, unglaubwürdig werden bzw. unglaubwürdig gemacht werden. So erscheinen seit circa zwei Jahrzehnten deutliche Risse in der Fassade. Zum einen hat Wilhelm Heitmeyer schon 2011 auf das Aufkommen einer »rohen Bürgerlichkeit« unter den Besserverdienenden aufmerksam gemacht. Diese schert sich weder um die Gleichwertigkeit aller Menschen noch um die eigene »Entkultivierung«[269] und macht die Würde sozial schwa-

cher Gruppen *antastbar*: »Rohe Bürgerlichkeit ergibt sich aus dem Zusammenspiel von glatter Stilfassade, vornehm rabiater Rhetorik sowie autoritären aggressiven Einstellungen und Haltungen.«[270] Gegen Kritik immunisiert lässt sich diese verrohte Schicht »in ihrer Selbstgewissheit nicht stören«, ventiliert aber ihren »Klassenkampf von oben« und ihre Selbstsicherungsversuche gerne »über liberale Tages- und Wochenzeitungen«.[271] Zum anderen ist aber ein bürgerlicher Subtypus aufgestiegen, der zwar politisch gelähmt ist, sich aber sehr aufmerksam und zuweilen rational dem Leiden der Welt zugewendet hat. Er trägt die Kritik, partizipiert in Bürgerinitiativen, ist in Institutionen unterwegs und formuliert eine alltägliche *Anklage gegen die Verhältnisse*, deren letzte Konsequenz er jedoch ebenso alltäglich in sich hineinfrisst. Obgleich durch die unzähligen Ironien der gesellschaftlichen Mobilmachung gebrochen, sind seine Einsichten und Entrüstungen wertvoll und ernst zu nehmen. Als solche dürfen sie nie zerpflückt werden; Gelähmte besingt man für ihre Hoffnungen, nicht für ihre Lähmung. Trotzdem ähnelt die aktuelle Komposition des Bürgertums der guten alten Verdrängungsneurose – »eine durchaus ungesicherte, durchaus labile Scheinvollkommenheit und Scheinharmonie«, wie Thomas Mann es formulierte.[272] Dieser Scheinvollkommenheit kann nur eine Logik der Desolidarisierung entgegengesetzt werden. Kurzum, ein Hoffnungsschimmer: Die harten Bürger haben an Rohheit gewonnen, die soften sind noch einsichtiger geworden – und sehen sich vielleicht bald nicht mehr zur Treue verpflichtet.

3) Die schöne Heuchelei ... Nun, mit der allmählichen Abkopplung der (bildungs)bürgerlichen Ideale von ihrer (bildungs)bürgerlichen sozialen Basis scheint das Problem der Dissoziation etwas an Dringlichkeit verloren zu haben.

Dass die Organisationssoziologie der jüngeren Gegenwart von struktureller »organized hypocrisy« und nicht von moralischer Heuchelei spricht, ist eben signifikant: Die bequemliche Qual der Dissoziation wurde zum Teil an ökonomische Strukturen *outgesourced*. Das mag vielleicht den paradoxen Endpunkt aktueller gesellschaftlicher Entwicklungen im neoliberalen Kapitalismus bilden: die Produktion einer doppelt verfälschten Aufrichtigkeit – erstens die verfälschte Aufrichtigkeit der rohen Bürgerlichkeit samt ihrer kruden Feindlichkeit und eiskalten ökonomischen Folgerichtigkeit, zweitens die gelähmte Aufrichtigkeit der Einsichtigen, die deswegen so verwegen sein darf, weil sie sich immer schon der Praxis versperrt hat. Wölfe im Wolfspelz und Schafe im Schafspelz: Wie lange kann diese groteske Landliebe noch gutgehen? Kurzum, ein Hoffnungsschimmer: Die schlechten Bürger haben an Brutalität gewonnen, die guten an Fantasie – und sehen sich vielleicht bald nicht mehr zur Treue verpflichtet.

4) Heuchlerisch ist das Bürgertum nun also auch in Bezug auf sich selbst *als Klassengebilde* geworden. Das Problem ist jetzt sozusagen *on top* aller anderen hinzugekommen. Danke! Malen wir uns das kurz aus. Erst kürzlich laborierte das Bürgertum unermüdlich an der Scheinvollkommenheit der Welt; heute laboriert es an der Scheinharmonie seiner selbst. Immer kostspieliger kaschiert es seine wachsende soziale, politische und ökonomische Zerrissenheit. Sollte aber die Untergrenze der Klassenkohärenz erreicht werden und das Bürgertum sich schlussendlich spalten, hätte sich die surrealistische Losung verwirklicht. Dann würden sich wiederum alle surrealistischen Theoreme fortan als strategische Fehlkalkulationen erweisen. Ab diesem Moment der bürgerlichen Zersplitterung müsste man schlagartig eine gesunde Aversion gegen

revolutionäre Reinheit kultivieren, sich dem Selbstmordeifer, dem Heroismus, dem Spontaneismus und anderen Peinlichkeiten und Fiesereien der *Manifeste* verweigern, jedes kulturelle Rebellionssurrogat ausschlagen – denn man bräuchte plötzlich die Menge, und das Bürgertum ist nie die Menge. Das wäre ganz im Sinne der klassischen Avantgarden des 20. Jahrhunderts. Schon die Futuristen hatten ihre eigene Obsoleszenz vor Augen: »Wenn wir vierzig sind, mögen andere, jüngere und tüchtigere Männer uns ruhig wie nutzlose Manuskripte in den Papierkorb werfen. Wir wünschen es so!«[273] Ab dem Moment einer Zersplitterung des Bürgertums müsste wiederum zwangsläufig eine breite Koalition entstehen, die sich der konkreten Politik zuwenden könnte. Die Sollbruchstelle, entlang der sich das Bürgertum spalten würde, ist mittlerweile in voller Pracht sichtbar. Einerseits ein kritik- und solidaritätsbereites, oft (aber nicht immer) prekarisiertes Bürgertum, das dazu eventuell überredet werden könnte, seine historischen Prärogative zu universalisieren (*otium*, Lohnüberschuss), andererseits verrohte, vollends kompromittierte Räubernaturen, die sich den Genuss bürgerlicher Prärogative wohl noch unter den derbsten Umständen vorbehalten werden. Dazwischen, als Vermittler und Klebstoff, die Ideologen der guten Gesellschaft, die Monopolisten der Predigt, die Mannheim'schen total Bewusstseinsstrukturierten. Kurzum, ein Hoffnungsschimmer: Die bösesten Bürger haben an Perspektive verloren, die besseren an Not gewonnen – und sehen sich vielleicht bald nicht mehr zur Treue verpflichtet.

Angesichts apokalyptischer Aussichten darf man solche Hoffnungen dennoch nicht hegen. Mut zur Angst ist an der Tagesordnung: Allem Anschein nach wird die soziale

Basis dissoziativer Strukturen nicht verelenden und das Bürgertum sich selbst treu bleiben. Die Symptomatik ist nur kabarettistisch auszudrücken: Das Bürgertum ist unheilbar gesund.

So hielt ein berühmter griechischer Ökonom neulich einen albernen, eiskalten Vortrag, in dem er vier Bedingungen für eine Lösung der politischen und ökologischen Krise aufstellte. Darunter fielen eine freundschaftliche Einigung zwischen China, Europa und den Vereinigten Staaten über CO_2-Emissionsgrenzen sowie die baldige Entstehung einer funktionierenden globalen Währung; kein US-Dollar mehr, kein Yen, kein Yuan, kein Euro, kein Rubel. Er taufte seine Währung *Cosmos*. Drei Cosmos fünfzig kostete dann die halbe Mailänder Salami, wäre doch wunderbar usw.

– »Yannis«, fragte ich ihn zwischen Tür und Angel, »was ist die realistische Alternative zu Ihrem Vorschlag?«

– »We are all fucked«, antwortete er.

Der gute Mann dachte als Theologe, das heißt als Dadaist: Es gibt entweder den transzendentalen Himmel der cosmischen Brüderschaft oder die transzendentale Hölle der *gescheiterten Geschichte*. So ist der Begriff der »Apokalypse«, den ich hier selber verwende, der vielleicht schlechteste, weil theologischste von allen. Zwischen Himmel und Hölle gibt es nämlich noch einen recht ungemütlichen Ort, eine Art Vorhimmel, eine Art Vorhölle, in der die ganze Verkommenheit menschlichen Wirkens, die ganze Verderbtheit menschlicher Theologie verbüßt werden kann: die Politik.

Aus der langen Geschichte bürgerlicher Dissoziationsleistungen haben sich nun drei Alternativen herausgebildet, die als Richtlinien für eine künftige Politik in Zeiten existenzieller Bedrohung hinlangen könnten.

Die erste ist die surrealistische. Nach ihr gehören das Bürgertum sowohl als Klasse als auch als Fiktion der Klasse angegriffen, das Küchenmesser bejubelt, das Gefälle unbewohnbar gemacht, das Geld verteilt, *otium* universalisiert, Dilemmata in Konfliktbereitschaft übersetzt, die soziale Teilung denunziert und soziale Beziehungen zwischen Dominanten und Dominierten vergiftet. Heuchelei und Dissoziation werden kategorisch abgelehnt und bekämpft.

Die zweite ist die realistische™. Nach ihr gehören die bloße Existenz des Bürgertums sowohl als Klasse als auch als Fiktion der Klasse verleugnet, das Küchenmesser ignoriert, das Gefälle eingerichtet, das Geld behalten, das *otium* standesgemäß vorenthalten, Dilemmata in Herrschaftsopportunitäten umgemünzt, die soziale Teilung gerechtfertigt und soziale Beziehungen zwischen Dominanten und Dominierten pazifiziert. Heuchelei und Dissoziation werden sowohl endemisch geleugnet als auch endemisch praktiziert.

Die dritte verheißt eine Politik der Möglichkeiten. Nach ihr gehören das Bürgertum zur Reflexivität gezwungen, das Küchenmesser mit gebührendem Schrecken zur Kenntnis genommen und unter Verschluss gehalten, das Gefälle geschlossen, das Geld flacher verteilt, *otium* weiter errungen, Dilemmata in expliziten politischen Dissens übersetzt, die soziale Teilung anerkannt und behoben und Beziehungen zwischen Dominanten und Dominierten politisiert. Heuchelei und Dissoziation sind Gegenstand sowohl expliziter Denunziation als auch expliziter Verteidigung. Das ist die unwahrscheinlichste Alternative.

Letztere ermöglichte allerdings, die soziale Toleranz für soziale Paradoxien als solche zu regulieren und eine Politik der Folgerichtigkeit zu erzwingen, deren Konsequenzen explizit erwogen, gebilligt oder abgelehnt werden könnten –

also wenn nicht gleich eine *folgerichtige Politik*, so zumindest eine explizite *Politik der Folgerichtigkeit*, in der der Preis der praktisch-diskursiven Kohärenz klar benannt wird. Zu diesem Zweck böten sich ein paar althergebrachte Analysekategorien an, die sich gleichermaßen aus der Bürgertumsgeschichte wie aus den gegenwärtigen Tatsachen ergeben. Das könnte sowohl mit allen Raffinessen der gegenwärtigen Governancekultur als auch richtig plump zugehen: Stimmen Wort und Tat überein? Tun wir, was wir sagen? Sagen wir, was wir tun? Folgen auf erkannte Notlagen auch notwendige Konsequenzen? Gehen den notwendigen Konsequenzen auch erkannte Notlagen voraus? Diese Fragen hätten den Vorteil, einfach zu bedienen zu sein; somit wäre ihre Demokratisierung überhaupt möglich.

Bis dahin gehört der Pessimismus organisiert, das Bürgertum an seine Endlichkeit erinnert, der Rest an die Endlichkeit aller Dinge: *Es wird sowieso alles zu Ende gehen*. Das nennt man heute Hoffnung.

2024 wird der Surrealismus hundert Jahre alt. Das Bürgertum wird ihn feiern.

Wendet euch ab.

Für Marie

Ich wollte ein nicht-allzu-akademisches Buch schreiben. Tim Trzaskalik hat das Manuskript für Matthes & Seitz Berlin lektoriert. Christoph Kapp hat im Laufe der Zeit jede Seite mit mir durchgesprochen. Philipp Schönthaler hat erste Ideen kommentiert und das Vorhaben unterstützt. Gabriel Montua und Florian Zappe haben das Manuskript gelesen und mit Hinweisen annotiert. Allen fünf danke ich sehr herzlich.

Literaturverzeichnis

Adamczak, Bini, *Beziehungsweise Revolution. 1917, 1968 und kommende*, Frankfurt a. M. 2019.

Adorno, Theodor W., »Rückblickend auf den Surrealismus«, in: ders., *Noten zur Literatur*, Frankfurt a. M. 1996, S. 101–105.

Alexandrian, Sarane, *Le surréalisme et le rêve*, Paris 1974.

Ali, Tariq, *The Extreme Centre. A Second Warning*, London 2018.

Althusser, Louis, *Machiavelli and Us*, London 1999.

Amable, Bruno, Stefano Palombarini, *Von Mitterand zu Macron. Über den Kollaps des französischen Parteiensystems*, Berlin 2018.

Anders, Günther, *Die Antiquiertheit des Menschen*, Bd. 1, *Über die Seele im Zeitalter der zweiten industriellen Revolution*, München 2010.

– *Wir Eichmannsöhne*, München 2002.

Anonym, »Contre-Attaque« [1935], in: Jacqueline Chénieux-Gendron (Hg.), *»Il y aura une fois«. Une anthologie du Surréalisme*, Paris 2003, S. 85.

Anonym, »The Enigmatic Visions of René Magritte«, in: *Life*, 22. April 1966, S. 113–119.

Anonym, »Les sœurs Papin, ›esclaves‹ aux mains sales«, *L'Humanité*, 6. Juli 2016, { https://www.humanite.fr/histoire/histoire/les-soeurs-papin-esclaves-aux-mains-sales}, letzter Zugriff 29.02.2024

Apollinaire, Guillaume, *Les mamelles de Tirésias*, in: ders., *Œuvres Poétiques*, Paris 1965, S. 863–913.

– »Parade«, in: ders., *Œuvres en prose complètes*, Bd. 2, Paris 1965, S. 865–867.

– »Zone«, in: ders., *Œuvres Poétiques*, S. 39–44.

Aragon, Louis, »Un art de l'actualité : Jiri Kolar«, in: ders., *Ecrits sur l'art moderne*, Paris 1981, S. 253–258.

– »Une vague de rêves«, in: ders., *Œuvres poétiques complètes*, Bd. 1, Paris 2007, S. 79–97.

Arendt, Hannah, *Über die Revolution*, München 2019.
– *Eichmann in Jerusalem. Ein Bericht von der Banalität des Bösen*, München 1976.
Baudelaire, Charles, »Les misérables, par Victor Hugo«, in: ders., *Œuvres complètes*, Bd. 2, Paris 1976, S. 217–224.
de Beauvoir, Simone, *In den besten Jahren*, Hamburg 1987.
Benjamin, Walter, »Der Sürrealismus: Die letzte Momentaufnahme der europäischen Intelligenz«, in: ders., *Gesammelte Schriften*, Band II/1, *Aufsätze, Essays, Vorträge*, Frankfurt a. M. 1977, S. 295–310.
– »Tagebuchnotizen 1938«, in: ders., *Gesammelte Schriften*, Bd. VI, *Fragmente vermischten Inhalts. Autobiographische Schriften*, Frankfurt a. M. 1985, S. 532–539.
– »Über den Begriff der Geschichte«, in: ders., *Gesammelte Schriften*, Band I/2, *Abhandlungen*, Frankfurt a. M. 1977, S. 693–704.
Bertrand, Jean-Pierre, Jacques Dubois, Pascal Durand, »Approche institutionnelle du premier surréalisme (1919–1924)«, *Pratiques* 38 (1982), S. 27–53.
Bette, Karl-Heinrich, Uwe Schimank, *Die Dopingfalle. Soziologische Betrachtungen*, Bielefeld 2006.
Bloch, Marc, *Die wundertätigen Könige*, München 1998.
Bohrer, Karl-Heinz, *Die gefährdete Phantasie, oder Surrealismus und Terror*, München 1970.
Boltanski, Luc, *Soziologie und Sozialkritik. Frankfurter Adorno-Vorlesungen 2008*, Frankfurt a. M. 2010.
Boltanski, Luc, Ève Chiapello, *Der neue Geist des Kapitalismus*, Konstanz 2006.
Bonnafé, Lucien, Patrick Tort, *L'Homme, cet inconnu? Alexis Carrel, Jean-Marie Le Pen et les chambres à gaz*. Paris 1991.
Bourdieu, Pierre, »Gens à histoires, gens sans histoires : Dialogue entre Pierre Bourdieu et Roger Chartier«, *Politix : Revue des sciences sociales du politique*, 2/6 (Frühling 1989), S. 53–60.
– *Manet. Eine symbolische Revolution. Vorlesungen am Collège de France 1998–2000*, Berlin 2015.
– »Sozialer Raum und symbolische Macht«, in: ders., *Rede und Antwort*, Frankfurt a. M. 1991, S. 135–154.
– *Was heißt sprechen? Zur Ökonomie des sprachlichen Tausches*, Wien 2012.
Bourdieu, Pierre, Hans Haacke, *Freier Austausch: Für die Unabhängigkeit der Phantasie und des Denkens*. Frankfurt a. M. 1995.

Brandt, Willy, *Reden und Interviews. Herbst 1971 bis Frühjar 1973*, Hamburg 1973.

Brecht, Bertolt, »Brief 675, an George Grosz, Juli 1935«, in: ders., *Werke*, Band 28, *Briefe 1. 1913–1936*, Berlin und Frankfurt a. M. 1998, S. 510–511.

– »Die Maßnahme«, in: ders., *Gesammelte Werke*, Bd. 2, *Stücke 2*, Frankfurt a. M. 1990, S. 631–664.

Breton, André, *Arkanum 17*, München 1993.

– *Die Manifeste des Surrealismus*, Reinbeck b. Hamburg 1968.

– *Entretiens – Gespräche: Dada, Surrealismus, Politik*, Amsterdam 1996.

– »Hegel«, in: André Breton, Paul Éluard, *Dictionnaire abrégé du surréalisme*, S. 13.

– *L'Amour fou*, Frankfurt a. M. 1970, S. 16.

– »La dernière grève«, in: *La Révolution surréaliste*, 2 (1924),

– *Manifestes du surréalisme*, Paris 1979.

– *Nadja*, Frankfurt a. M. 2002.

– *Œuvres complètes*, Bd. 1, Paris 1988.

– *Œuvres complètes*, Bd. 2, Paris 1992.

– *Œuvres complètes*, Bd. 3, Paris 1999.

– »Pourquoi je prends la direction de La Révolution surréaliste« in: *La Révolution surréaliste*, 4 (1925), S. 1–3.

– »Situation du surréalisme entre les deux guerres. Discours aux étudiants français de L'Université de Yale«, in: André Breton, *La clé des champs*, Paris 1979, S. 58–73.

Breton, André, Leo Trotzki, »Für eine freie revolutionäre Kunst«, in: Leo Trotzki, *Literaturtheorie und Literaturkritik*, München 1973, S. 154–160.

Brunsson, Nils, *The Organization of Hypocrisy. Talk, Decisions and Actions in Organizations*, Chichester 1989.

Buchenberg, Wal, *Karl Marx-Lexikon*. Von »Abfall« bis »Zusammenbruch«, Berlin 2009.

Bürger, Peter, *Der französische Surrealismus. Studien zur avantgardistischen Literatur*, Frankfurt a. M. 1996.

Die Bundesregierung, »Podiumsdiskussion mit Bundeskanzlerin Merkel an der Prälat-Diehl-Schule«, 30. September 2014 {https://www.bundesregierung.de/breg-de/aktuelles/presse konferenzen/podiumsdiskussion-mit-bundeskanzlerin-merkel-an-der-praelat-diehl-schule-845834Y} Letzter Zugriff 29.02.2024.

Carey, John, *The Intellectuals and the Masses. Pride and prejudice among the Literary Intelligentsia*, 1880–1939, London 1992.

de Castries, Henri, »Le travail, c'est la liberté !«, Entretiens de Royaumont, 2011. {www.youtube.com/watch?v=J2ukqZoGslw}, letzter Zugriff 29.02.2024

Chamayou, Grégoire, *Die unregierbare Gesellschaft. Eine Genealogie des autoritären Liberalismus*, Frankfurt a. M. 2019.

Chan, Jenny, Mark Selden, Pun Ngai, *Dying for an iPhone. Apple, Foxconn, and the Lives of China's Workers*, London 2020.

Clouscard, Michel, *Critique du libéralisme libertaire. Généalogie de la contre-révolution*, Paris 2013.

Conrad, Joseph, *Herz der Finsternis*, Ditzingen 2020.

Courbet, Gustave, Moulinet, Stephen Martin u. a., »Fédération des artistes de Paris«, Journal Officiel de la République Francaise, 15. April 1871, 242. Neu abgedruckt in: Gustave Courbet, Moulinet, Stephen Martin u.a., »Rapport sur la Fédération des artistes de la Commune de Paris«, Thomas Golsenne (Hg.), *Motifs*, Hypotheses 2021. {https://motifs.hypotheses.org/682}, letzter Zugriff 29.02.2024

Cramer, Christopher, Deborah Johnston, Carlos Oya, Bernd Mueller, John Sender, »Fairtrade, Employment and Poverty Reduction in Ethiopia and Uganda«, SOAS, University of London, London, S. 1–143, {https://assets.publishing.service.gov.uk/media/57a089f540f0b64974000344/FTEPR-Final-Report-19-May-2014-FINAL.pdf}, letzter Zugriff 29.02.2024

Crevel, René, *Les pieds dans le plat*, Paris 1974.

Daladier, Édouard, »Discours radiodiffusé du 21 août 1938«, in: Bernard Lachaise (Hg.), *Documents d'histoire contemporaine*, Bd. 2, *Le XXe siècle*, Bordeaux 2002, S. 98.

Dali [sic], Salvador, *So wird man Dali*, Wien und München 1974.

Denault, Alain, *Mediocracy. The Politics of the Extreme Centre*, Toronto 2018.

Descharnes, Robert, Nicolas Descharnes, *Dalí, le dur et le mou. Sortilège et magie des formes*, Azay le Rideau 2003.

Desnos, Robert, »Description d'une révolte prochaine«, in: *La Révolution surréaliste*, 3 (1925), S. 25–27.

Didry, Claude, »Les midinettes, avant-garde oubliée du prolétariat«, *L'Homme & la société* 189/190 (2013), S. 63–86.

Durkheim, Émile, *Der Selbstmord*, Frankfurt a. M. 1983.

Eburne, Jonathan Paul, *Surrealism and the Art of Crime*, Ithaca 2008.

Edwards, Rachel, Keith Reader, *The Papin Sisters*, Oxford 2001.

Eggenberger, Ursula, »Die irdische Hölle: Kriminalistik und Mord im Surrealismus«, *Georges-Bloch-Jahrbuch des Kunstgeschichtlichen Seminars der Universität Zürich* 3 (1996), S. 209–224.

Eiden-Offe, Patrick, *Die Poesie der Klasse. Romantischer Antikapitalismus und die Erfindung des Proletariats*, Berlin 2017.

Eisenman, Peter, »Presentness and the Being-Only-Once of Architecture«, in: ders., *Written Into the Void. Selected Writings, 1990–2004*, New Haven und London 2007, S. 42–49.

Elias, Norbert, *Über den Prozeß der Zivilisation. Soziοethische und psychogenetische Untersuchungen*, Bd. 1, *Wandlungen des Verhaltens in den weltlichen Oberschichten des Abendlandes*. Frankfurt a. M. 2002.

Éluard, Paul, »Critique de la poésie«, in: ders., *Œuvres complètes*, Bd. 1, Paris 1968, S. 404.

– Paul Éluard, »Donner à voir«, in: ders., *Œuvres complètes*, Bd. 1, Paris 1968, S. 917–1004.

– »Poésie«, in: André Breton, Paul Éluard, *Dictionnaire abrégé du surréalisme*, Paris 2005, S. 21.

Éluard, Paul, Louis Aragon, Pierre Unik, André Breton, Péret, Benjamin, »Au grand Jour« in: André Breton, *Œuvres complètes*, Bd. 1, Paris 1988, S. 928–942.

Europäischer Gerichtshof, »Urteil des Gerichtshofes (dritte Kammer) in der Rechtssache C-228/03: The Gillette Company und Gillette Group Finland Oy gegen LA-Laboratories Ltd Oy.«, 17. März 2005, S. I-2377

Fahrmeir, Andreas, »Das Bürgertum des ›bürgerlichen Jahrhunderts‹: Fakt oder Fiktion?« in: Heinz Bude, Joachim Fischer, Bernd Kaufmann (Hg.), *Bürgerlichkeit ohne Bürgertum*, München 2010, S. 23–32.

Fette, Julie, *Exclusions. Practicing Prejudice in French Law, 1920–1945*, Ithaca und London 2012.

Fisher, Mark, *Capitalist Realism. Is There No Alternative?* Winchester 2009.

Fourrier, Marcel, André Breton, Louis Aragon, »Motion présentée à la séance du vendredi 3 octobre par Aragon – Breton – Fourrier«, in: Marguerite Bonnet, *Archives du surréalisme*, Bd. 2, *Vers l'action politique*, Paris 1988, S. 65–67.

Freud, Sigmund, »Brief an Stefan Zweig vom 20. Juli 1938«, in: Stefan Zweig, *Über Sigmund Freud. Porträt, Briefwechsel, Gedenkworte*, Frankfurt a. M. 1989, S. 183.

– »Meine Berührung mit Josef Popper-Lynkeus«, in: ders., *Gesammelte Werke*, Bd. 16, *Werke aus den Jahren 1932–1939*, London 1950, S. 261–266.

– »XXXI. Vorlesung: Die Zerlegung der psychischen Persönlichkeit«, in: ders., *Gesammelte Werke*, Bd. 15, *Neue Folge der Vorlesungen zur Einführung in die Psychoanalyse*, London 1949, S. 62–86.
– »Zeitgemäßes über Krieg und Tod«, in: ders., *Das Unbehagen in der Kultur und andere kulturtheoretische Schriften*, Frankfurt a. M. 2007, S. 135–161.
Gauchet, Marcel, *L'avènement de la démocratie*, Bd. 3, *À l'épreuve des totalitarismes, 1914–1974*, Paris 2010.
Gay, Peter, *The Bourgeois Experience. Victoria to Freud*, Bd. 1: *Education of the Senses*. London 1999.
Gilles, Vincent, »Le surréalisme est une révolution«, in: *Le Monde diplomatique*, Mai 2005, S. 32.
Goettle, Gabriele, »Gedicht mit Perspektive«, in: Vojin Saša Vukadinović (Hg.), *Die Schwarze Botin. Ästhetik, Kritik, Polemik, Satire. 1976–1980*, Göttingen 2021, S. 79.
Graeber, David, *Direct Action. An Ethnography*, Oakland 2009.
Guattari, Félix, »Everybody Wants to Be a Fascist«, in: Félix Guattari, *Chaosophy. Texts and Interviews, 1972–1977*, Los Angeles 2007.
Gut, Philipp, »Grossbaumeister des Faschismus«, in: *Die Weltwoche*, 40 (30. September 2009),
{https://web.archive.org/web/20121201141255/http://www.weltwoche.ch/ausgaben/2009-40/artikel-2009-40-grossbaumeister.html}, letzter Zugriff 29.02.2024
Habermas, Jürgen, »Über einige Bedingungen der Revolutionierung spätkapitalistischer Gesellschaften«, in: ders., *Kultur und Kritik. Verstreute Aufsätze*, Frankfurt a. M. 1973, S. 70–86.
Hacke, Jens, *Philosophie der Bürgerlichkeit. Die liberalkonservative Begründung der Bundesrepublik*, Göttingen 2011.
Hanish, Carol, »The Personal is Political«, in: Shulamith Firestone, Anne Koedt (Hg.), *The Second Year: Women's Liberation. Major Writings of the Radical Feminists*, New York 1970, S. 76–78.
Hannusch, Heidrun, *Todesstrafe für die Selbstmörderin. Ein historischer Kriminalfall*, Berlin 2011.
Haskell, Thomas L., *Objectivity is not Neutrality. Explanatory Schemes in History*, Baltimore 1998.
Hegel, Georg Friedrich Wilhelm, *Grundlinien der Philosophie des Rechts*, Hamburg 2017.
– *Phänomenologie des Geistes*, Frankfurt a. M. 2020.
Heine, Heinrich, »Artikel LIX vom 7. Mai 1843«, in: ders., *Sämt-*

liche Schriften, Bd. 5, *Lutetia. Berichte über Politik, Kunst und Volksleben*, München 1984, S. 480–485.
Heitmeyer, Wilhelm, »*Gruppenbezogene Menschenfeindlichkeit* (GMF) in einem entsicherten Jahrzehnt«, in: ders. (Hg.), *Deutsche Zustände*, Folge 10, Frankfurt a. M. 2010, S. 15–41.
– »Redetext anlässlich der Verleihung des Göttinger Friedenspreises am 10.3.2012«, Universität Bielefeld, Institut für interdisziplinäre Konflikt- und Gewaltforschung.
Hocquenghem, Guy, *Lettre ouverte à ceux qui sont passés du col Mao au Rotary*, Marseille 2014.
Holroyd, Michael, *Lytton Strachey. The New Biography*, New York 1994.
Huxley, Aldous, »Letter 387: To Victoria Ocampo, June 1935«, in: ders., *Letters of Aldous Huxley*, New York und London 1969, S. 396–397.
Illich, Ivan, *The Right to Useful Unemployment and Its Professional Enemies*, London 1978.
Jackson, Julian, *The Popular Front in France. Defending Democracy, 1934–1938*, Cambridge, MA 1988.
Jacoby, Russel, *Social Amnesia. A Critique of Conformist Psychology from Adler to Laing*, Boston 1975.
John-Lennon-Gymnasium, »Was uns ausmacht«, 2022. {https://www.jlgym-berlin.de/schulprofil }, letzter Zugriff 29.02.2024
Kafka, Franz, »In der Strafkolonie«, in: ders., *Die Erzählungen*, Düsseldorf 2008, S. 141–173.
Klein, Wolfgang (Hg.), *Paris 1935. Erster Schriftstellerkongreß zur Verteidigung der Kultur. Reden und Dokumente*, Berlin 1982.
Kojève, Alexandre, *Introduction à la lecture de Hegel. Leçons sur la Phénoménologie de L'Esprit professées de 1933 à 1939 à l'École des Hautes Études*, Paris 2008.
Kollektiv, »Le suicide est-il une solution ?« in: *La Révolution surréaliste*, 2 (1925), S. 8–15.
Kollektiv, »Manifeste des Surréalistes à propos de *L'Âge d'Or*« [1930], in: *L'Avant-Scène Cinéma*, 27/28 (1963), S. 24–27, {https://cinefiles.bampfa.berkeley.edu/catalog/57124}, letzter Zugriff 29.02.2024
Koselleck, Reinhart, *Kritik und Krise. Eine Studie zur Pathogenese der bürgerlichen Welt*, Frankfurt a. M. 2018.
Kouvelakis, Stathis, *Philosophy and Revolution. From Kant to Marx*, London 2018.

Kracauer, Siegfried, *Das Ornament der Masse*, Frankfurt a. M. 1977.

Krugman, Paul, »We Are the 99.9%«, *New York Times*, 24. November 2011. {www.nytimes.com/2011/11/25/opinion/we-are-the-99-9.html}, letzter Zugriff 29.02.2024

Kühl, Stefan, *Brauchbare Illegalität. Vom Nutzen des Regelbruchs in Organisationen*, Frankfurt a. M. 2020, S. 10–25.

– »Die Fassade der Organisation: Überlegungen zur Trennung von Schauseite und formaler Seite von Organisationen«, Working Paper 1/2010, S. 1–16, {www.uni-bielefeld.de/soz/personen/kuehl/pdf/Schauseite-Working-Paper-1_19052010.pdf}, letzter Zugriff 29.02.2024

Kutner, Mark, Elizabeth Greenberg, Justin Baer, »A First Look at the Literacy of America's Adults in the 21st Century«, U.S. Department of Education 2006. {https://nces.ed.gov/naal/pdf/2006470.pdf}, letzter Zugriff 29.02.2024

Lacan, Jacques, »Le problème du style et les formes paranoïaques de l'expérience«, in: *Minotaure*, 1 (1933), S. 68–69.

– »Motifs du crime paranoïaque: Le crime des sœurs Papin«, in: *Minotaure*, 3–4 (1933), S. 25–28.

Larkin, Philip, »If, My Darling«, in: ders., *Collected Poems*, London 2003, S. 72.

LCI, »5 choses que vous ignorez (peut-être) sur Henri de Castries, possible futur ministre de François Fillon«, 17. Januar 2017 {www.lci.fr/politique/presidentielle-2017-5-choses-que-vous-ignorez-peut-etre-sur-henri-de-castries-l-ex-pdg-d-axa-possible-futur-ministre-de-francois-fillon-2022242.html}, letzter Zugriff 29.02.2024

Legendre, Pierre, *De la société comme texte. Linéaments d'une anthropologie dogmatique*, Paris 2001.

Emmanuel Levinas, *Schwierige Freiheit. Versuch über das Judentum.* Frankfurt a. M. 2017.

Liu, Catherine, *Virtue Hoarders: The Case against the Professional Managerial Class*, Minneapolis und London 2021.

Loos, Adolf, »Ornament und Verbrechen«, in: Ulrich Conrads (Hg.), *Programme und Manifeste zur Architektur des 20. Jahrhunderts*, Gütersloh 2013, S. 15–21.

Lordon, Frédéric, *Capitalisme, désir et servitude*, Paris 2010.

– *La condition anarchique. Affects et institutions de la valeur.* Paris 2018.

Loskant, Philip, »Le Corbusier, das Ornament und das Dazwischen«, in: *Transaktion*, 10 (2003), S. 2–9.

Mann, Golo, *Erinnerungen und Gedanken. Lehrjahre in Frankreich*, Frankfurt a. M. 2009.

Mann, Thomas, »Die Stellung Freuds in der modernen Geistesgeschichte«, in: ders., *Leiden und Größe der Meister*, Frankfurt a. M. 1982, S. 879–904.

– »Goethe als Repräsentant des bürgerlichen Zeitalters«, in: ders., *Leiden der großen Meister*, Frankfurt a. M. 1982, S. 145–180.

Mannheim, Karl, *Ideologie und Utopie*, Frankfurt a. M. 1965.

Mao Zedong, »Analyse der Klassen in der chinesischen Gesellschaft«, in: ders., *Ausgewählte Werke*, Bd. 1, Peking 1968, S. 9–19. {https://www.marxists.org/deutsch/referenz/mao/1926/03/klassen.html}, letzter Zugriff 29.02.2024

Marquard, Odo, »Apologie der Bürgerlichkeit«, in: Odo Marquard, *Philosophie des Stattdessen*, Stuttgart 2016, S. 94–107.

Karl Marx, »Brief an Arnold Ruge, September 1843«, in: Karl Marx, *Briefe aus ›Deutsch-Französischen Jahrbüchern‹*, MEW 1, S. 343–346.

– *Das Kapital. Kritik der politischen Ökonomie*, Bd. 1 [Kapital I, MEW 23] Berlin 2018.

– *Das Kapital. Kritik der politischen Ökonomie*, Bd. 2 [Kapital II, MEW 24] Berlin 2018.

– »Die Klassenkämpfe in Frankreich 1848–1850«, in: Karl Marx, Friedrich Engels, *Werke*, Bd. 7, Berlin 1960, S. 9–107.

– *Kritik des Kapitalismus. Schriften zu Philosophie, Ökonomie, Politik und Soziologie*, Florian Butollo, Oliver Nachtwey (Hg.), Frankfurt a. M. 2018.

– *Ökonomisch-philosophische Manuskripte*, Frankfurt a. M. 2018.

– *Manifest der Kommunistischen Partei*, in: Karl Marx, *Die Frühschriften*, Stuttgart 2004, S. 594–630.

Macho, Thomas, *Das Leben nehmen. Suizid in der Moderne*, Frankfurt a. M. 2018.

Filippo Tommaso Marinetti, »Manifest des Futurismus«, in: Wolfgang Asholt, Walter Fähnders (Hg.), *Manifeste und Proklamationen der europäischen Avantgarde (1909–1938)*, Stuttgart 2005, S. 73–7.

Merkel, Wolfgang, »Is capitalism compatible with democracy?«, in: *Zeitschrift für Vergleichende Politikwissenschaft*, 8 (2014), S. 109–128.

Metken, Günter (Hg.), *Als die Surrealisten noch recht hatten. Texte und Dokumente*, Stuttgart 1976.

Milios, Jannis, Georg Economakis, »Mittelklassen, Klassenstellung und politische Klassenpositionen«, *PROKLA*, 176/3 (2014), S. 403–423.

Milner, Jean-Claude, *L'archéologie d'un échec (1950–1993)*, Paris 1993.

– *Le salaire de l'idéal. La théorie des classes et la culture au XXe siècle*, Paris 1997.

Misik, Robert, *Das große Beginnergefühl. Moderne, Zeitgeist, Revolution*, Frankfurt a. M. 2022.

Monot, Pierre-Héli, »Armut als Kapital. Eine Kritik an Didier Eribon, Édouard Louis und Geoffroy de Lagasnerie«, in: *Arbeit Bewegung Geschichte. Zeitschrift für historische Studien*, 2 (2020), S. 123–133.

– *Mensch als Methode. Allgemeine Hermeneutik und partielle Demokratie. Friedrich Schleiermacher, Ralph Waldo Emerson, Frederick Douglass*, Heidelberg 2016.

Montua, Gabriel, *Dalís 20. Jahrhundert. Die westliche Kunst zwischen Politik, Markt und Medien*, Berlin und Boston 2015.

Moretti, Franco, *The Bourgeois. Between History and Literature*, London 2013.

Müller, Heiner, *Die Hamletmaschine*, in: ders., *Materialien*, Leipzig 1989, S. 41–49.

Negt, Oskar, Alexander Kluge, *Öffentlichkeit und Erfahrung. Zur Organisationsanalyse von bürgerlicher und proletarischer Öffentlichkeit*. Frankfurt a. M. 1973.

Nestlé USA, Inc. v. Doe, 593 U. S. ___ (2021), {www.supremecourt.gov/opinions/20pdf/19-416_i4dj.pdf}, letzter Zugriff 29.02.2024

Newton, Huey P., *Revolutionary Suicide. The Way of Liberation*, London 2009.

Noiriel, Gérard, *Immigration, antisemitisme et racisme en France (XIXe-XXe siècle). Discours publics, humiliations privées*, Paris 2007.

Petersen, Thieß, Falk Steiner, *Megatrend-Report #1. The Bigger Picture*, Gütersloh 2019.

Pierre, José (Hg.), *Recherchen im Reich der Sinne. Die zwölf Gespräche der Surrealisten über Sexualität, 1928–1932*, München 1993.

Polanyi, Karl, *The Great Transformation. Politische und ökonomische Ursprünge von Gesellschaften und Wirtschaftssystemen*, Frankfurt a. M. 1977.

Poulantzas, Nicos, *Klassen im Kapitalismus – heute*, Berlin 1975.

Reckwitz, Andreas, »Ein neuer Paradigmenwechsel. Weder rechts noch links«, *Taz.Futurzwei*, 17.02.2012, Heft 12. {https://taz.de/Ein-neuer-Paradigmenwechsel/!170712/}, letzter Zugriff 29.02.2024
– »Wie bürgerlich ist die Moderne? Bürgerlichkeit als hybride Subjektivierungsform«, in: Heinz Bude, Joachim Fischer, Bernd Kaufmann (Hg.), *Bürgerlichkeit ohne Bürgertum. In welchem Land leben wir?* München 2010, S. 169–187.
Reynaud Paligot, Carole, *Parcours politique des surréalistes, 1919–1969*, Paris 2010.
Rimbaud, Arthur, *Une saison en enfer, Illuminations et autres textes (1873–1875)*, Paris 1998.
Rorty, Richard, *Achieving our Country. Leftist Thought in Twentieth-Century America*, Cambridge/MA 1999.
Ross, Kristin, *Communal Luxury. The Political Imaginary of the Paris Commune*, London 2016.
Runciman, David, *Political Hypocrisy. The Mask of Power, from Hobbes to Orwell and Beyond*, Princeton 2008.
Sartre, Jean-Paul, »Herostrat«, in: ders., *Die Mauer*, Hamburg 1873, S. 50–63.
Shakespeare, William, *Romeo and Juliet*, London 2021.
Shklar, Judith, *Ganz normale Laster*, Berlin 2014.
Sombart, Werner, *Der Bourgeois. Zur Geistesgeschichte des modernen Wirtschaftsmenschen*, Hamburg 1988.
Spinoza, Baruch, *Ethik*, Leipzig 1975.
Susik, Abigail, Elliott H. King, »Surrealism as Radicalism«, in: Abigail Susik, Elliott H. King (Hg.), *Radical Dreams. Surrealism, Counterculture, Resistance*, University Park 2022, S. 1–19.
Teroni, Sandra, Wolfgang Klein (Hg.), *Pour la défense de la culture. Les textes du Congrès international des écrivains. Paris, juin 1935*, Dijon 2005.
Thackeray, William Makepeace, *Vanity Fair. A Novel Without a Hero*, London 1963.
Thatcher, Margaret, »Interview for Sunday Times«, Sunday Times, 3. Mai 1981. {www.margaretthatcher.org/document/104475}, letzter Zugriff 29.02.2024
The Trilateral Commission [Carl Bildt, Kelly Grier, Takeshi Niinami], *A New Spirit of Capitalism. Toward More Sustainable and Inclusive Economies*, London 2022.
Thirion, André, *Révolutionnaires sans Révolution*, Paris 1972.
Trump, Donald, Wahlkampfveranstaltung in Sioux Falls, Iowa,

16. Januar 2016. {https://www.youtube.com/watch?v=iTACH1eVIaA}, letzter Zugriff 29.02.2024
Vaneigem, Raoul, *Histoire désinvolte du surréalisme*, Paris 2013.
Verne, Jules, *Der Kurier des Zaren*, Frankfurt a. M. und Wien 1967.
Vitruvius Pollio, Marcus, *On Architecture, Books 1–5*, Loeb Classical Library, Bd. 251, Cambridge, MA 1986.
– *Baukunst*, Bd. 2, Leipzig 1796.
Wallerstein, Immanuel, »The Bourgeois(ie) as Concept and Reality«, *New Left Review*, 1/167 (1988), S. 91–106.
Weber, Max, *Wirtschaft und Gesellschaft*, Teilband 2, *Religiöse Gemeinschaften*, Tübingen 2005.
Wittgenstein, Ludwig, *Tractatus logico-philosophicus*, *Werkausgabe*, Bd. 1, Frankfurt a. M. 2019.
World Health Organization, *Doing What Matters in Times of Stress: An Illustrated Guide*, Genf 2020.

Anmerkungen

1 Die Bundesregierung, »Podiumsdiskussion mit Bundeskanzlerin Merkel an der Prälat-Diehl-Schule«, 30. September 2014 {https://www.bundesregierung.de/breg-de/aktuelles/presse konferenzen/podiumsdiskussion-mit-bundeskanzlerin-merkel-an-der-praelat-diehl-schule-845834Y} Letzter Zugriff 29.02.2024

2 Aufnahme vom 1. März 1966, französisches Fernseharchiv INA. Siehe die Transkription in: Gabriel Montua, *Dalís 20. Jahrhundert. Die westliche Kunst zwischen Politik, Markt und Medien*, Berlin und Boston 2015, S. 429.

3 Emmanuel Levinas, *Schwierige Freiheit. Versuch über das Judentum*. Frankfurt a. M. 2017, S. 55–56.

4 Ich korrigiere hier die Übersetzung Ruth Henrys, die »tendresse« irrtümlich als »Nachsicht« übersetzt. André Breton, *Die Manifeste des Surrealismus*, Reinbeck b. Hamburg 1968, S. 56. Vgl. André Breton, *Manifestes du surréalisme*, Paris 1979, S. 138.

5 Einleitend zur Rezeption des Surrealismus während der Studentenproteste im Mai 1968 empfiehlt sich: Peter Bürger, *Der französische Surrealismus. Studien zur avantgardistischen Literatur*, Frankfurt a. M. 1996, S. 12–25.

6 Zum revolutionären Rigorismus der Surrealisten siehe: Carole Reynaud Paligot, *Parcours politique des surréalistes, 1919–1969*, Paris 2010, S. 239–259. Gegen die bei Paligot angedeutete Einschätzung argumentiert wiederum überzeugend: Bini Adamczak, *Beziehungsweise Revolution. 1917, 1968 und kommende*, Frankfurt a. M. 2019, 99–109.

7 Mark Kutner, Elizabeth Greenberg, Justin Baer, »A First Look at the Literacy of America's Adults in the 21st Century«, U.S. Department of Education 2006, S. 14–17. {https://nces.ed.gov/naal/pdf/2006470.pdf}, letzter Zugriff 29.02.2024

8 Dabei ermutigt Henri de Castries, »nicht zu zögern, auf einige einfache Ideen zurückzugreifen und sich auf die Geschichte

zu berufen.« Meine Übersetzung. Henri de Castries, »Le travail, c'est la liberté!«, Entretiens de Royaumont, 2011. {www.youtube.com/watch?v=J2ukqZoGslw}, letzter Zugriff 29.02.2024

9 LCI, »5 choses que vous ignorez (peut-être) sur Henri de Castries, possible futur ministre de François Fillon«, 17. Januar 2017 {www.lci.fr/politique/presidentielle-2017-5-choses-que-vous-ignorez-peut-etre-sur-henri-de-castries-l-ex-pdg-d-axa-possible-futur-ministre-de-francois-fillon-2022242.html}, letzter Zugriff 29.02.2024

10 Allgemein dazu: Alain Denault, *Mediocracy. The Politics of the Extreme Centre*, Toronto 2018. Tariq Ali, *The Extreme Centre. A Second Warning*, London 2018.

11 Ich zitiere sogar aus feindlicher Quelle: The Trilateral Commission [Carl Bildt, Kelly Grier, Takeshi Niinami], *A New Spirit of Capitalism. Toward More Sustainable and Inclusive Economies*, London 2022, S. 6–7.

12 Mark Fisher, *Capitalist Realism. Is There No Alternative?* Winchester 2009, S. 1–15.

13 Spinoza argumentiert in *Ethik* III, Lehrsatz 28: »Denn wenn sich der Mensch vorstellt, dass er etwas nicht vermag, so beruht diese Vorstellung auf Notwendigkeit, und diese Vorstellung disponiert ihn so, dass er tatsächlich nichts zu tun vermag, wovon er sich vorstellt, dass er es nicht vermag.« Baruch Spinoza, *Ethik*, Leipzig 1975, S. 242. Dazu: Frédéric Lordon, *Capitalisme, désir et servitude*, Paris 2010, S. 144–147.

14 Wolfgang Merkel, »Is capitalism compatible with democracy?«, in: *Zeitschrift für Vergleichende Politikwissenschaft*, 8 (2014), S. 109–128.

15 Meine Übersetzung. »A mon gré, c'est déjà beaucoup trop que l'on commence à enseigner le surréalisme dans les écoles. Je ne doute pas que ce soit pour le réduire.« André Breton, »Entretien radiophonique avec André Parinaud, XVI«, in: ders., *Œuvres complètes*, Bd. 3, Paris 1999, S. 571.

16 Im zwölften *Gefängnisheft* erklärt Gramsci die Möglichkeit eines demografischen Zuwachses zum primären Unterscheidungsmerkmal zwischen bürgerlichen und feudalen Gesellschaften.

17 Akt 3, Szene 2 in: William Shakespeare, *Romeo and Juliet*, London 2021, S. 253.

18 Siehe dazu: Pierre-Héli Monot, *Mensch als Methode. Allgemeine*

Hermeneutik und partielle Demokratie. Friedrich Schleiermacher, Ralph Waldo Emerson, Frederick Douglass, Heidelberg 2016.

19 Günther Anders, *Die Antiquiertheit des Menschen*, Bd. 1, *Über die Seele im Zeitalter der zweiten industriellen Revolution*, München 2010, S. 14.

20 Ich adaptiere hier aus: Russel Jacoby, *Social Amnesia. A Critique of Conformist Psychology from Adler to Laing*, Boston 1975, S. 151.

21 Karl Marx, *Ökonomisch-philosophische Manuskripte*, Frankfurt a. M. 2018, S. 140.

22 Wahlkampfveranstaltung in Sioux Falls, Iowa, 16. Januar 2016. Meine Übersetzung. {https://www.youtube.com/watch?v=iTACH1eVIaA}, letzter Zugriff 29.02.2024

23 Breton, *Die Manifeste*, S. 56.

24 Karl-Heinz Bohrer kommentiert hier Walter Benjamins Surrealismus-Aufsatz. Karl-Heinz Bohrer, *Die gefährdete Phantasie, oder Surrealismus und Terror*, München 1970, S. 44.

25 Meine Übersetzung. Raoul Vaneigem, *Histoire désinvolte du surréalisme*, Paris 2013, 20, 47–50.

26 Meine Übersetzung. André Breton, »Introduction au discours sur le peu de réalité«, in: ders., *Œuvres complètes*, Bd. 2, Paris 1992, S. 277–278.

27 Vgl. Vincent Gilles, »Le surréalisme est une révolution«, in: *Le Monde diplomatique*, Mai 2005, S. 32.

28 Meine Hervorhebung. Walter Benjamin, »Über den Begriff der Geschichte«, in: ders., *Gesammelte Schriften*, Band I/2, *Abhandlungen*, Frankfurt a. M. 1977, S. 695–697.

29 Meine Übersetzung. Breton, *Manifestes*, S. 135. Vgl. die deutsche Ausgabe: Breton, *Die Manifeste*, S. 56.

30 Siehe allgemein auch: Jean-Pierre Bertrand, Jacques Dubois, Pascal Durand, »Approche institutionnelle du premier surréalisme (1919–1924)«, *Pratiques* 38 (1982), S. 27–53.

31 Karl Marx, Friedrich Engels, *Manifest der Kommunistischen Partei*, in: Karl Marx, *Die Frühschriften*, Stuttgart 2004, S. 630.

32 Den Ausdruck »cum dignitate otium« findet man an zwei Stellen bei Cicero: in *Pro Sestio* 98 und in *Ad familiares* I 9, 21.

33 Siehe dazu auch: Jean-Claude Milner, *Le salaire de l'idéal. La théorie des classes et la culture au XXe siècle*, Paris 1997, S. 23–34.

34 Jürgen Habermas, »Über einige Bedingungen der Revolutionierung spätkapitalistischer Gesellschaften«, in: ders., *Kultur und Kritik. Verstreute Aufsätze*, Frankfurt a. M. 1973, S. 80–81.

35 Meine Übersetzung. Guillaume Apollinaire, »Parade«, in: ders., *Œuvres en prose complètes*, Bd. 2, Paris 1965, S. 865.

36 Meine Übersetzung. Guillaume Apollinaire, *Les mamelles de Tirésias*, in: ders., *Œuvres Poétiques*, Paris 1965, S. 865–866.

37 Ich überarbeite hier leicht: Breton, *Die Manifeste*, S. 115.

38 Ich übersetze hier den Titel eines Prosagedichts Aragons. Louis Aragon, »Une vague de rêves«, in: ders., *Œuvres poétiques complètes*, Bd. 1, Paris 2007, S. 79–97.

39 Ich überarbeite hier leicht: Breton, *Die Manifeste*, S. 58.

40 Anonym, »Contre-Attaque« [1935], in: Jacqueline Chénieux-Gendron (Hg.), *»Il y aura une fois«. Une anthologie du Surréalisme*, Paris 2003, S. 85.

41 Meine Übersetzung. Paul Éluard, Louis Aragon, Pierre Unik, André Breton, Benjamin Péret, »Au grand Jour« in: ders., *Œuvres complètes*, Bd. 1, Paris 1988, S. 934.

42 Ursprünglich wurde das Manifest von Breton und Diego Rivera unterzeichnet. André Breton, Leo Trotzki, »Für eine freie revolutionäre Kunst«, in: Leo Trotzki, *Literaturtheorie und Literaturkritik*, München 1973, S. 154–160.

43 Siehe allgemein: Guy Hocquenghem, *Lettre ouverte à ceux qui sont passés du col Mao au Rotary*, Marseille 2014.

44 Vgl. Pierre Bourdieu, Hans Haacke, *Freier Austausch: Für die Unabhängigkeit der Phantasie und des Denkens*. Frankfurt a. M. 1995, S. 35–60.

45 Dieser Ausdruck wird Cornelius Castoriadis zugeschrieben, ist in seinen Schriften aber nicht nachzuweisen.

46 Ich überarbeite hier leicht: André Breton, *Die Manifeste*, S. 26–27.

47 Ich rezipiere und zitiere aus: Max Weber, *Wirtschaft und Gesellschaft*, Teilband 2, *Religiöse Gemeinschaften*, Tübingen 2005, S. 81.

48 Siehe auch die methodologischen Überlegungen Luc Boltanskis in: Luc Boltanski, *Soziologie und Sozialkritik. Frankfurter Adorno-Vorlesungen 2008*, Frankfurt a. M. 2010, S. 28–37.

49 José Pierre (Hg.), *Recherchen im Reich der Sinne. Die zwölf Gespräche der Surrealisten über Sexualität, 1928–1932*, München 1993, S. 7–21.

50 Breton, *Die Manifeste*, S. 27.

51 André Breton, *Entretiens – Gespräche: Dada, Surrealismus, Politik*, Amsterdam 1996, S. 32.

52 Meine Übersetzung. André Breton, »Pourquoi je prends la

direction de La Révolution surréaliste« in: *La Révolution surréaliste*, 4 (1925), S. 2.

53 Sigmund Freud, »XXXI. Vorlesung: Die Zerlegung der psychischen Persönlichkeit«, in: ders., *Gesammelte Werke*, Bd. 15, *Neue Folge der Vorlesungen zur Einführung in die Psychoanalyse*, London 1949, S. 73.

54 Brief Sigmund Freud an Stefan Zweig vom 20. Juli 1938, in: Stefan Zweig, *Über Sigmund Freud. Porträt, Briefwechsel, Gedenkworte*, Frankfurt a. M. 1989, S. 183.

55 Walter Benjamin, »Der Sürrealismus: Die letzte Momentaufnahme der europäischen Intelligenz«, in: ders., *Gesammelte Schriften*, Band II/1, *Aufsätze, Essays, Vorträge*, Frankfurt a. M. 1977, S. 304.

56 Meine Übersetzung. »L'approbation du public est à fuir pardessus tout«. Breton: *Manifestes du surréalisme*, S. 181. Vgl. Breton, *Die Manifeste*, S. 92.

57 Im Original: »Lâchez tout. / Lâchez Dada. / Lâchez votre femme, lâchez votre maîtresse. / Lâchez vos espérences et vos craintes. / Semez vos enfants au coin d'un bois.« André Breton, *Les pas perdus*, in: ders., *Œuvres complètes*, Bd. 1, S. 263.

58 Ich rezipiere hier auch: Luc Boltanski, Ève Chiapello, *Der neue Geist des Kapitalismus*, Konstanz 2006, S. 473–487.

59 Siehe dazu: Pierre Bourdieu, *Was heißt sprechen? Zur Ökonomie des sprachlichen Tausches*, Wien 2012.

60 André Breton, *Nadja*, Frankfurt a. M. 2002, S. 139.

61 Meine Übersetzung. Die Surrealisten zitieren hier Isidore Ducasse, Comte de Lautréamont. Paul Éluard, »Poésie«, in: André Breton, Paul Éluard, *Dictionnaire abrégé du surréalisme*, Paris 2005, S. 21.

62 Breton, *Die Manifeste*, S. 57.

63 Meine Übersetzung. Die von Iring Fetscher bereitgestellte deutsche Ausgabe bietet leider nur Auszüge des französischen Originaltextes, die Kojèves zentrale historische Argumentation leider gänzlich auslassen. Alexandre Kojève, *Introduction à la lecture de Hegel. Leçons sur la Phénoménologie de L'Esprit professées de 1933 à 1939 à l'École des Hautes Études*, Paris 2008, S. 108.

64 Meine Übersetzung. André Breton, *Qu'est-ce que le surréalisme?*, in: ders., *Œuvres complètes*, Bd. II, S. 229.

65 Meine Übersetzung. Im Original: Anonym, »The Enigmatic Visions of René Magritte«, in: *Life*, 22. April 1966, S. 117–119.

66 Auch Marcel Duchamp experimentiert ab 1916 mit sog. »unmöglichen Figuren«, wie zum Beispiel im Readymade »Apolinère Enameled«.

67 Günther Anders, *Wir Eichmannsöhne*, München 2002, S. 10.

68 Vgl. das gleiche Motiv in: Jean-Claude Milner, *L'archéologie d'un échec (1950–1993)*, Paris 1993, S. 14.

69 Meine Übersetzung. David Runciman, *Political Hypocrisy. The Mask of Power, from Hobbes to Orwell and Beyond*, Princeton 2008, S. 1.

70 Judith Shklar, *Ganz normale Laster*, Berlin 2014, S. 272.

71 Ich adaptiere hier aus: Karl Marx, *Zur Kritik der Hegelschen Rechtsphilosophie*, in: ders., *Kritik des Kapitalismus. Schriften zu Philosophie, Ökonomie, Politik und Soziologie*, Florian Butollo, Oliver Nachtwey (Hg.), Frankfurt a. M. 2018, S. 49.

72 Odo Marquards Ächtung des »Ungehorsams« in liberalen Demokratien ist in dieser Hinsicht kennzeichnend. »Der Eindruck von Mängeln«, schreibt Marquard, »– also auch und gerade die Enttäuschung durch die bürgerliche Welt – kann stets zwei Gründe haben: entweder ist da zu wenig Erfüllung, oder da ist zu viel Erwartung. Ich denke, wir leiden vor allem an der Übererwartung«. Odo Marquard, »Apologie der Bürgerlichkeit«, in: Odo Marquard, *Philosophie des Stattdessen*, Stuttgart 2016, S. 103. Siehe auch: Jens Hacke, *Philosophie der Bürgerlichkeit. Die liberalkonservative Begründung der Bundesrepublik*, Göttingen 2011, S. 256–290.

73 Reinhart Koselleck, *Kritik und Krise. Eine Studie zur Pathogenese der bürgerlichen Welt*, Frankfurt a. M. 2018, S. 56, 15.

74 Ebd., S. 98.

75 Ebd., S. 99–100.

76 Ich referiere und zitiere hier aus Arendts deutschsprachiger Überarbeitung, wo sie oft weniger stringent argumentiert als im amerikanischen Originaltext. Hannah Arendt, *Über die Revolution*, München 2019, S. 128.

77 Ebd., S. 124.

78 Ebd., S. 124.

79 Meine Übersetzung. André Breton, »Hegel«, in Breton, Éluard, *Dictionnaire abrégé du surréalisme*, S. 13.

80 Meine Übersetzung. André Breton, »Situation du surréalisme entre les deux guerres. Discours aux étudiants français de L'Université de Yale«, in: André Breton, *La clé des champs*, Paris 1979, S. 73.

81 Georg Friedrich Wilhelm Hegel, *Grundlinien der Philosophie des Rechts*, Hamburg 2017, S. 144–158.

82 Norbert Elias, *Über den Prozeß der Zivilisation. Sozioethische und psychogenetische Untersuchungen*, Bd. 1, *Wandlungen des Verhaltens in den weltlichen Oberschichten des Abendlandes*. Frankfurt a. M. 2002, 298–299.

83 Siehe zum Beispiel Andreas Reckwitz, »Wie bürgerlich ist die Moderne? Bürgerlichkeit als hybride Subjektivierungsform«, in: Heinz Bude, Joachim Fischer, Bernd Kaufmann (Hg.), *Bürgerlichkeit ohne Bürgertum. In welchem Land leben wir?* München 2010, S. 169–187.

84 Ich zitiere hier aus dem Abschnitt »Das Gesetz des Herzens und der Wahnsinn des Eigendünkels«, Georg Wilhelm Friedrich Hegel, *Phänomenologie des Geistes*, Frankfurt a. M. 2020, S. 283.

85 Meine Übersetzung. Kojève, *Introduction à la lecture de Hegel*, S. 67.

86 Ebd., S. 87–89.

87 Ebd., S. 117.

88 Ebd., S. 153.

89 Meine Übersetzung. Marcel Fourrier, André Breton, Louis Aragon, »Motion présentée à la séance du vendredi 3 octobre par Aragon – Breton – Fourrier«, in: Marguerite Bonnet, *Archives du surréalisme*, Bd. 2, *Vers l'action politique*, Paris 1988, S. 66.

90 In *Direct Action* entwirft David Graber Fragmente einer Theorie des politischen Realismus, die an meine These gut anschlussfähig ist: »These things are real because they can kill you«. David Graeber, *Direct Action. An Ethnography*, Oakland 2009, S. 285, 510.

91 Breton, *Die Manifeste*, S. 32.

92 Ilja Ehrenburg, »Rede auf dem Ersten Internationalen Schriftstellerkongreß zur Verteidigung der Kultur«, in: Wolfgang Klein (Hg.), *Paris 1935. Erster Schriftstellerkongreß zur Verteidigung der Kultur. Reden und Dokumente*, Berlin 1982, S. 132.

93 Ernst Bloch, »Rede auf dem Ersten Internationalen Schriftstellerkongreß zur Verteidigung der Kultur«, in: Klein (Hg.), *Paris 1935*, S. 324.

94 Robert Musil, »Rede auf dem Ersten Internationalen Schriftstellerkongreß zur Verteidigung der Kultur«, in: Klein (Hg.), *Paris 1935*, S. 52–53.

95 André Gide, »Rede auf dem Ersten Internationalen Schriftstellerkongreß zur Verteidigung der Kultur«, in: Klein (Hg.), *Paris 1935*, S. 124.

96 Boris Pasternak, »Rede auf dem Ersten Internationalen Schriftstellerkongreß zur Verteidigung der Kultur«, in: Klein (Hg.), *Paris 1935*, S. 373.

97 Heinrich Mann, »Rede auf dem Ersten Internationalen Schriftstellerkongreß zur Verteidigung der Kultur«, in: Klein (Hg.), *Paris 1935*, S. 292.

98 Präsidium der Internationalen Schriftstellervereinigung zur Verteidigung der Kultur, »Abschlußerklärung des Internationalen Schriftstellerkongresses zur Verteidigung der Kultur«, in: Klein (Hg.), *Paris 1935*, S. 377.

99 Vgl. Pierre Bourdieu, »Gens à histoires, gens sans histoires: Dialogue entre Pierre Bourdieu et Roger Chartier«, *Politix : Revue des sciences sociales du politique*, 2/6 (Frühling 1989), S. 53–60.

100 Bertolt Brecht, »Brief 675, an George Grosz, Juli 1935«, in: ders., *Werke*, Band 28, *Briefe 1. 1913–1936*, Frankfurt a. M. 1998, S. 510.

101 Golo Mann, *Erinnerungen und Gedanken. Lehrjahre in Frankreich*, Frankfurt a. M. 2009, S. 93.

102 Meine Übersetzung. Aldous Huxley, »Letter 387: To Victoria Ocampo, June 1935«, in: ders., *Letters of Aldous Huxley*, New York und London 1969, S. 396–397.

103 Oskar Negt, Alexander Kluge, *Öffentlichkeit und Erfahrung. Zur Organisationsanalyse von bürgerlicher und proletarischer Öffentlichkeit*. Frankfurt a. M. 1973, S. 132.

104 Heinrich Mann, »Rede auf dem Ersten Internationalen Schriftstellerkongreß zur Verteidigung der Kultur«, in: Klein (Hg.), *Paris 1935*, S. 291.

105 Ebd., S. 292.

106 Ebd.

107 Siehe dazu: Pierre-Héli Monot, »Armut als Kapital. Eine Kritik an Didier Eribon, Édouard Louis und Geoffroy de Lagasnerie«, in: *Arbeit Bewegung Geschichte. Zeitschrift für historische Studien*, 2 (2020), S. 123–133.

108 Bertolt Brecht, »Die Maßnahme«, in: ders., *Gesammelte Werke*, Bd. 2, *Stücke 2*, Frankfurt a. M. 1990, S. 662.

109 Dieser Satz fehlt in der Ausgabe, die Wolgang Klein 1982 im Akademie-Verlag herausgegeben hat. Die aktualisierte fran-

zösische Ausgabe berichtigt dieses Versehen. Sandra Teroni, Wolfgang Klein (Hg.), *Pour la défense de la culture. Les textes du Congrès international des écrivains. Paris, juin 1935*, Dijon 2005, S. 381.

110 Vgl. Milner, *Le salaire de l'idéal*, S. 25.

111 Andreas Fahrmeir, »Das Bürgertum des ›bürgerlichen Jahrhunderts‹: Fakt oder Fiktion?« in: Bude/Fischer/Kaufmann (Hg.), *Bürgerlichkeit ohne Bürgertum*, S. 25.

112 »Es hat liberale Literaturen gegeben und gibt jetzt sozialistische. Bekanntlich waren die liberalen Literaturen großartig zur Zeit des bürgerlichen Aufstieges. Man wird auch zugeben, dass bürgerliche Gesellschaften und Staatsformen damals mehr oder weniger durchgeistigt worden sind von den liberalen Ideen und dass diese manchmal zu Verwirklichungen geführt haben, auf sittlichem und sozialem Gebiet.« Heinrich Mann, »Rede auf dem Ersten Internationalen Schriftstellerkongreß zur Verteidigung der Kultur«, in: Klein (Hg.), *Paris 1935*, S. 290. Sowie: Teroni, Klein (Hg.), *Pour la défense de la culture*, S. 382–383.

113 Meine Übersetzung. Immanuel Wallerstein, »The Bourgeois(ie) as Concept and Reality«, *New Left Review*, 1/167 (1988), S. 106.

114 Zur Normalisierung der Begriffe »racaille« und »métèques« in Politik und Forschung siehe: Gérard Noiriel, *Immigration, antisémitisme et racisme en France (XIXe–XXe siècle). Discours publics, humiliations privées*, Paris 2007, S. 375–481.

115 Ich übersetze »métèque« als »Kanake«. »Metöke« wäre hier ungeeignet, da der französische Begriff am 19. Jahrhundert jegliche Verbindung zum »griechischen freien Bürger« abgelegt hatte.

116 Dazu allgemein: Julie Fette, *Exclusions. Practicing Prejudice in French Law, 1920–1945*, Ithaca und London 2012, S. 133–201.

117 Siehe dazu: Claude Didry, »Les midinettes, avant-garde oubliée du prolétariat«, *L'Homme & la société* 189/190 (2013), S. 63–86.

118 Meine Übersetzung. Bis 1947 wird Carrels Buch in 21 Sprachen übersetzt und verkauft sich 400 000 Mal. Siehe dazu: Lucien Bonnafé, Patrick Tort, *L'Homme, cet inconnu? Alexis Carrel, Jean-Marie Le Pen et les chambres à gaz*, Paris 1991, S. 47–50.

119 Meine Übersetzung. Breton, *Manifestes*, S. 256. Vgl. Breton, *Die Manifeste*, S. 103.

120 Zitiert nach: Salvador Dali [sic], *So wird man Dali*, Wien und München 1974, S. 139. Dazu auch die Anmerkungen Günter Metkens in: Günter Metken (Hg.), *Als die Surrealisten noch recht hatten. Texte und Dokumente*, Stuttgart 1976, S. 157.

121 Meine Übersetzung, Breton, *Manifestes*, p. 135. Vgl. Breton, *Die Manifeste*, S. 56.

122 Meine Kursivierung. Breton benutzt im Originaltext das Verb »feindre«, das heißt »simulieren« oder »vorheucheln« im Kontext einer bewussten Täuschungsabsicht. Ruth Henrys Übersetzung von »feindre« als »behaupten« ist falsch und wird hier durch »vorheucheln« korrigiert. Breton, *Die Manifeste*, S. 57. Vgl. Breton, *Manifestes*, S. 135–136.

123 Karl Mannheim, *Ideologie und Utopie*, Frankfurt a. M. 1965, S. 11, 54.

124 Siehe zum Begriff des kognitiven Stils: Thomas L. Haskell, *Objectivity is not Neutrality. Explanatory Schemes in History*, Baltimore 1998, S. 235–258.

125 Europäischer Gerichtshof, »Urteil des Gerichtshofes (dritte Kammer) in der Rechtssache C-228/03: The Gillette Company und Gillette Group Finland Oy gegen LA-Laboratories Ltd Oy.«, 17. März 2005, S. I-2377.

126 Breton, *Die Manifeste*, S. 20.

127 World Health Organization, *Doing What Matters in Times of Stress: An Illustrated Guide*, Genf 2020, S. 97.

128 Benjamin, »Der Sürrealismus«, S. 307. Siehe dazu auch die Ausführungen Peter Bürgers in: Bürger, *Der französische Surrealismus*, S. 38–39.

129 Dale Carnegie, *Wie man Freunde gewinnt: Die Kunst, beliebt und einflussreich zu werden*, Frankfurt a. M. 2011, S. 26.

130 Siehe allgemein: Marc Bloch, *Die wundertätigen Könige*, München 1998.

131 Das Begriffspaar im Kontext: »Cum in omnibus enim rebus, tum maxime etiam in architectura haec duo insunt: quod significatur et quod significat« (»Wie in allen Sachen, so sind ganz besonders auch in der Architektur diese beiden Aspekte enthalten: die Bedeutung und der Bedeutungsträger«, meine Übersetzung). Den Originaltext (*De architectura*, 1.1.3.) entnehme ich der Loeb-Ausgabe: Marcus Vitruvius Pollio, *On Architecture, Books 1–5*, Loeb Classical Library, Bd. 251, Cambridge, MA 1986, S. 6.

132 Siehe dazu: Peter Eisenman, »Presentness and the Being-

Only-Once of Architecture«, in: ders., *Written Into the Void. Selected Writings, 1990–2004*, New Haven und London 2007, S. 43–44. Sowie: Pierre Legendre, *De la société comme texte. Linéaments d'une anthopologie dogmatique*, Paris 2001, S. 41–43.

133 Ähnlich bei: Frédéric Lordon, *La condition anarchique. Affects et institutions de la valeur*, Paris 2018, S. 23–64.

134 Allgemein: Émile Durkheim, *Der Selbstmord*, Frankfurt a. M. 1983.

135 Siehe dazu: Lordon, *La condition anarchique*, S. 23–64.

136 Ebd., S. 16.

137 Meine Übersetzung. Paul Éluard, »Donner à voir«, in: ders., *Œuvres complètes*, Bd. 1, Paris 1968, S. 945.

138 Siehe dazu: Karl Polanyi, *The Great Transformation. Politische und ökonomische Ursprünge von Gesellschaften und Wirtschaftssystemen*, Frankfurt a. M. 1977, S. 41–55.

139 Siehe dazu Marcel Gauchets Kommentare in: Marcel Gauchet, *L'avènement de la démocratie*, Bd. 3, *À l'épreuve des totalitarismes, 1914–1974*, Paris 2010, S. 189–241.

140 Meine Übersetzung. René Crevel, *Les pieds dans le plat*, Paris 1974, S. 188–189.

141 Meine Übersetzung. Philippe Soupault, *Profils perdus*, zit. nach: Sarane Alexandrian, *Le surréalisme et le rêve*, Paris 1974, S. 312.

142 Meine Übersetzung. André Breton, *Qu'est-ce que le surréalisme?*, in: ders., *Œuvres complètes*, Bd. II, S. 227.

143 Meine Übersetzung. Ebd., S. 227.

144 Breton, *Die Manifeste*, S. 55.

145 Meine Übersetzung. »Their refusal to face any fundamental question fairly – either about people or God – looks at first sight like cowardice; but I believe it was simply the result of an innate incapacity for penetration – for getting either out of themselves or into anything or anybody else. They were enclosed in glass. How intolerable! Have you noticed, too, that they were nearly all physically impotent?« Lytton Strachey an John Maynard Keynes, 11. März 1906. Zitiert nach: Michael Holroyd, *Lytton Strachey. The New Biography*, New York 1994, S. 140.

146 Wegweisend ist hier: Nils Brunsson, *The Organization of Hypocrisy. Talk, Decisions and Actions in Organizations*, Chichester 1989.

147 Im Original: »child slavery«. *Nestlé USA, Inc. v. Doe*, 593 U. S. ___ (2021), {www.supremecourt.gov/opinions/20pdf/19-416_i4dj.pdf}, letzter Zugriff 29.02.2024

148 Siehe dazu: Jenny Chan, Mark Selden, Pun Ngai, *Dying for an iPhone. Apple, Foxconn, and the Lives of China's Workers*, London 2020.

149 Meine Übersetzung. Ich zitiere aus dem kollektiv verfassten Pamphlet »Manifeste des Surréalistes à propos de *L'Âge d'Or*« [1930], neu abgedruckt in: *L'Avant-Scène Cinéma*, 27/28 (1963), S. 24–27, {https://cinefiles.bampfa.berkeley.edu/catalog/57124}, letzter Zugriff 29.02.2024

150 Heinrich Heine, »Artikel LIX vom 7. Mai 1843«, in: ders., *Sämtliche Schriften*, Bd. 5, *Lutetia. Berichte über Politik, Kunst und Volksleben*, München 1984, S. 481. Siehe dazu: Peter Gay, *The Bourgeois Experience. Victoria to Freud*, Bd. 1: *Education of the Senses*. London 1999, S. 35–37.

151 Vgl. Stefan Kühl, »Die Fassade der Organisation: Überlegungen zur Trennung von Schauseite und formaler Seite von Organisationen«, Working Paper 1/2010, S. 1–16, {www.uni-bielefeld.de/soz/personen/kuehl/pdf/Schauseite-Working-Paper-1_19052010.pdf}, letzter Zugriff 29.02.2024

152 Zum »hinsehenden Wegsehen« empfiehlt sich allgemein: Karl-Heinrich Bette, Uwe Schimank, *Die Dopingfalle. Soziologische Betrachtungen*, Bielefeld 2006.

153 »Der Begriff des sozialen Raums ermöglicht es, sich der Alternative des Nominalismus und des Realismus im Bereich der sozialen Klassen zu entziehen: Die politische Arbeit, die soziale Klassen im Sinne von *corporate bodies* schaffen soll, permanente Gruppen, die mit permanenten Vertretungsorganen, Siglen usw. ausgestattet sind, hat umso mehr Aussichten auf Erfolg, je näher sich die Akteure, die zusammengebracht, zu einer Gruppe vereinigt werden sollen, im sozialen Raum stehen (folglich derselben Klasse auf dem Papier angehören).« Pierre Bourdieu, »Sozialer Raum und symbolische Macht«, in: ders., *Rede und Antwort*, Frankfurt a. M. 1991, S. 141–142.

154 Ivan Illich, *The Right to Useful Unemployment and Its Professional Enemies*, London 1978, S. 48.

155 Ich entlehne den Begriff des Gefälles hier einer der wichtigsten Schriften der deutschen Nachkriegszeit: Günther Anders, *Wir Eichmannsöhne*, München 2002, S. 36–41.

156 Gabriele Goettle, »Gedicht mit Perspektive«, in: Vojin Saša Vukadinović (Hg.), *Die Schwarze Botin. Ästhetik, Kritik, Polemik, Satire. 1976–1980*, Göttingen 2021, S. 79.

157 André Breton, »Rede auf dem Ersten Internationalen Schriftstellerkongreß zur Verteidigung der Kultur«, in: Klein (Hg.), *Paris 1935*, S. 309.

158 Peter Bürger, *Der französische Surrealismus*, S. 94.

159 Carol Hanish, »The Personal is Political«, in: Shulamith Firestone, Anne Koedt (Hg.), *The Second Year: Women's Liberation. Major Writings of the Radical Feminists*, S. 76–78.

160 Marx, *Ökonomisch-philosophische Manuskripte*, S. 138.

161 Ebd., S. 140.

162 Kojève, *Introduction à la lecture de Hegel*, S. 66–73.

163 Christopher Cramer, Deborah Johnston, Carlos Oya, Bernd Mueller, John Sender, »Fairtrade, Employment and Poverty Reduction in Ethiopia and Uganda«, SOAS, University of London, London, S. 1–143, {https://assets.publishing.service.gov.uk/media/57a089f540f0b64974000344/FTEPR-Final-Report-19-May-2014-FINAL.pdf}, letzter Zugriff 29.02.2024

164 Anders als Michael Halfbrodt übersetze ich hier »gouvernement« als »Regieren« statt als »Regierung«. Chamayou, *Die unregierbare Gesellschaft*, S. 263.

165 Ebd., S. 264.

166 Meine Übersetzung. Breton, *Manifestes*, S. 25. Vgl. Breton, *Die Manifeste*, S. 19.

167 Siehe den recht expliziten ersten Teil von *L'Amour fou*. André Breton, *L'Amour fou*, Frankfurt a. M. 1970, S. 16.

168 Meine Übersetzung von »realité rugueuse« im letzten Teil von *Eine Zeit in der Hölle*. Arthur Rimbaud, *Une saison en enfer, Illuminations et autres textes (1873–1875)*, Paris 1998, S. 84.

169 Meine Übersetzung. Breton, *Manifestes*, S. 146. Vgl. Breton, *Die Manifeste*, S. 65.

170 Benjamin, »Der Sürrealismus«, S. 301.

171 Breton, *L'Amour fou*, S. 16.

172 Meine Übersetzung. Anonym, »Manifeste des Surréalistes à propos de *L'Âge d'Or*« [1930], S. 24–27.

173 Breton, *L'Amour fou*, S. 105.

174 Heiner Müller, *Die Hamletmaschine*, in: ders., *Materialen*, Leipzig 1989, S. 48–49.

175 Michel Clouscard, *Critique du libéralisme libertaire. Généalogie de la contre-révolution*, Paris 2013, S. 7.

176 Meine Übersetzung. »la promenade perpétuelle en pleine zone interdite« Breton, *Manifestes*, S. 147. Vgl. Breton, *Die Manifeste*, S. 65.

[177] Ich paraphrasiere hier eine Kommentar Jacobys in: Jacoby, *Social Amnesia*, S. 26.

[178] Breton, *Die Manifeste*, S. 12.

[179] Meine Übersetzung. Crevel, *Les pieds dans le plat*, S. 236. Baudelaire bezeichnet Javert, den Polizeispitzel in *Die Elenden*, als den »absoluten Feind«. Charles Baudelaire, »Les misérables, par Victor Hugo«, in: ders., *Œuvres complètes*, Bd. 2, Paris 1976, S. 223.

[180] André Breton, *Arkanum 17*, München 1993, S. 16.

[181] Marx, *Zur Kritik der Hegelschen Rechtsphilosophie*, in: Marx, *Kritik des Kapitalismus*, S. 50.

[182] Meine Übersetzung. Louis Aragon, »Un art de l'actualité : Jiri Kolar«, in: ders., *Ecrits sur l'art moderne*, Paris 1981, S. 258.

[183] Meine Übersetzung. Ebd., S. 254.

[184] Aus dem *Ersten Manifest*: »Man gebe sich nur die Mühe, die Poesie zu *praktizieren*.« Breton, *Die Manifeste*, S. 21.

[185] Meine Übersetzung. Rachel Edwards, Keith Reader, *The Papin Sisters*, Oxford 2001, S. 12.

[186] Jacques Lacan, »Le problème du style et les formes paranoïaques de l'expérience«, in: *Minotaure*, 1 (1933), S. 68–69. Siehe dazu: Ursula Eggenberger, »Die irdische Hölle: Kriminalistik und Mord im Surrealismus«, *Georges-Bloch-Jahrbuch des Kunstgeschichtlichen Seminars der Universität Zürich* 3 (1996), S. 219.

[187] Jacques Lacan, »Motifs du crime paranoïaque: Le crime des sœurs Papin«, *Minotaure*, 3–4 (1933), S. 25–28.

[188] Meine Übersetzung: Breton, *Manifestes*, S. 140. Vgl. Breton, *Die Manifeste*, S. 61.

[189] Ich erweitere hier eine Beobachtung von: Jonathan Paul Eburne, *Surrealism and the Art of Crime*, Ithaca 2008, S. 176.

[190] Ich kürze und übersetze ein wenig das französische Original: »la sacro-sainte famille bourgeoise au sein de laquelle se développent et fleurissent, quand ce n'est pas les pires turpitudes, la méchanceté et le mépris pour ceux qui gagnent leur vie à la servir.« Zitiert nach: »Les sœurs Papin, ›esclaves‹ aux mains sales«, *L'Humanité*, 6. Juli 2016, {https://www.humanite.fr/histoire/histoire/les-soeurs-papin-esclaves-aux-mains-sales}, letzter Zugriff 29.02.2024

[191] Ebd.

[192] »Der Schrecken dieser Menschenmühle konnte nur durch einen exemplarischen Schrecken entsprechend angeprangert werden: die beiden Schwestern hatten sich zu Werkzeugen

und Märtyrern einer schauerlichen Gerechtigkeit gemacht.« Simone de Beauvoir, *In den besten Jahren*, Hamburg 1987, S. 114.

193 Sartre bearbeitet den Fall literarisch in der Kurzgeschichte »Herostrat«. Er bezieht sich dabei auf die Papin-Schwestern als surrealistisches Motiv. Jean-Paul Sartre, »Herostrat«, in: ders., *Die Mauer*, Hamburg 1873, S. 59.

194 Siegfried Kracauer, *Das Ornament der Masse*, Frankfurt a. M. 1977, S. 53, 62.

195 Theodor W. Adorno, »Rückblickend auf den Surrealismus«, in: ders., *Noten zur Literatur*, Frankfurt a. M. 1996, S. 104.

196 Joseph Conrad, *Herz der Finsternis*, Ditzingen 2020, S. 47.

197 Heidrun Hannusch, *Todesstrafe für die Selbstmörderin. Ein historischer Kriminalfall*, Berlin 2011, S. 11, 79.

198 Meine Übersetzung. Robert Desnos, »Description d'une révolte prochaine«, in *La Révolution surréaliste*, 3 (1925), S. 25.

199 Ludwig Wittgenstein, *Tagebücher 1914–1916*, in: ders., *Tractatus logico-philosophicus, Werkausgabe*, Bd. 1, Frankfurt a. M. 2019, S. 187. Vgl. Thomas Macho, *Das Leben nehmen. Suizid in der Moderne*, Frankfurt a. M. 2018, S. 35.

200 Sigmund Freud, »Zeitgemäßes über Krieg und Tod«, in: ders., *Das Unbehagen in der Kultur und andere kulturtheoretische Schriften*, Frankfurt a. M. 2007, S. 149.

201 Meine Übersetzung. René Crevel im kollektiv verfassten Text »Le suicide est-il une solution?« in: *La Révolution surréaliste*, 2 (1925), S. 13.

202 »Le capitalisme ne se suicide pas, on le suicide«, meine Übersetzung. Crevel, *Les Pieds dans le plat*, S. 188.

203 Ich verändere hier leicht die Übersetzung Peter Bürgers in: Bürger, *Der französische Surrealismus*, S. 199.

204 Meine Übersetzung. Kollektiv, »Manifeste des Surréalistes à propos de *L'Âge d'Or*« [1930], neu abgedruckt in: *L'Avant-Scène Cinéma*, 27/28, 1963, S. 24–27.

205 Karl Marx, »Brief an Arnold Ruge, September 1843«, in: ders., *Briefe aus ›Deutsch-Französischen Jahrbüchern‹*, MEW 1, 344 f.

206 Karl Marx, »Die Klassenkämpfe in Frankreich 1848–1850«, in: Karl Marx, Friedrich Engels, *Werke*, Bd. 7, Berlin 1960, S. 79. Siehe dazu auch: Stathis Kouvelakis, *Philosophy and Revolution. From Kant to Marx*, London 2018, S. 281.

207 »Haben Sie von unserem früheren Kommandanten gehört? Nicht? Nun, ich behaupte nicht zu viel, wenn ich sage, daß die

Einrichtung der ganzen Strafkolonie sein Werk ist. Wir, seine Freunde, wußten schon bei seinem Tod, daß die Einrichtung der Kolonie so in sich geschlossen ist, daß sein Nachfolger, und habe er tausend neue Pläne im Kopf, wenigstens während vieler Jahre nichts von dem Alten wird ändern können.« Franz Kafka, »In der Strafkolonie«, in: ders., *Die Erzählungen*, Düsseldorf 2008, S. 144.

208 Adamczak, *Beziehungsweise Revolution*, S. 52.

209 Meine Übersetzung, André Breton, »Limites non-frontières du surréalisme«, in: ders., *La clé des champs*, S. 15.

210 Boltanski, *Soziologie und Sozialkritik*, S. 61.

211 Vgl. ebd., S. 59, 66–67.

212 Meine Übersetzung. André Breton, *Les pas perdus*, in: ders., *Œuvres complètes*, Bd. 1, S. 233.

213 Meine Übersetzung. Guillaume Apollinaire, »Zone«, in: ders., *Œuvres Poétiques*, S. 39.

214 Zit. nach: Robert Descharnes, Nicolas Descharnes, *Dalí, le dur et le mou. Sortilège et magie des formes*, Azay le Rideau 2003, S. 226.

215 Sigmund Freud, »Meine Berührung mit Josef Popper-Lynkeus«, in: ders., *Gesammelte Werke*, Bd. 16, *Werke aus den Jahren 1932–1939*, London 1950, S. 262–263. Dazu auch: John Carey, *The Intellectuals and the Masses. Pride and prejudice among the Literary Intelligentsia*, 1880–1939, London 1992, S. 29.

216 Ich modifiziere hier leicht die alte Übersetzung, die August Rode vorgelegt hat. Marcus Vitruvius Pollio, *Baukunst*, Bd. 2, Leipzig 1796, S. 113–114.

217 Kracauer, *Das Ornament der Masse*, S. 50–51.

218 Ebd., S. 50–51.

219 Siehe dazu Pierre Bourdieu, *Manet. Eine symbolische Revolution. Vorlesungen am Collège de France 1998–2000*, Berlin 2015, S. 53–82.

220 Meine Übersetzung. Breton, *Manifestes*, S. 38. Vgl. Breton, *Die Manifeste*, S. 29.

221 Adolf Loos, »Ornament und Verbrechen«, in: Ulrich Conrads (Hg.), *Programme und Manifeste zur Architektur des 20. Jahrhunderts*, Gütersloh 2013, S. 15–21.

222 Der Architekturhistoriker Pierre Frey in: Philipp Gut, »Grossbaumeister des Faschismus«, in: *Die Weltwoche*, 40 (30. September 2009).

{https://web.archive.org/web/20121201141255/http://www.weltwoche.ch/ausgaben/2009-40/artikel-2009-40-grossbaumeister.html}, letzter Zugriff 29.02.2024

223 Philip Loskant, »Le Corbusier, das Ornament und das Dazwischen«, in: *Transaktion*, 10 (2003), S. 3.

224 Robert Misik, *Das große Beginnergefühl. Moderne, Zeitgeist, Revolution*, Frankfurt a. M. 2022, S. 30.

225 Ich übersetze und kürze hier: Gustave Courbet, Moulinet, Stephen Martin u. a., »Fédération des artistes de Paris«, Journal Officiel de la République Francaise, 15. April 1871, 242. Neu Abgedruckt in: Gustave Courbet, Moulinet, Stephen Martin u. a., » Rapport sur la Fédération des artistes de la Commune de Paris«, Thomas Golsenne (Hg.), *Motifs*, Hypotheses 2021. {https://motifs.hypotheses.org/682}, letzter Zugriff 29.02.2024

226 Allgemein beziehe ich mich in diesem Absatz auf: Kristin Ross, *Communal Luxury. The Political Imaginary of the Paris Commune*, London 2016, S. 51–54.

227 Meine Übersetzung. Courbet, Moulinet, Martin, »Fédération des artistes de Paris«, 242.

228 Benjamin, »Der Sürrealismus«, S. 298.

229 Thomas Mann, »Goethe als Repräsentant des bürgerlichen Zeitalters«, in: ders., *Leiden der großen Meister*, Frankfurt a. M. 1982, S. 146.

230 Meine Übersetzung. Vgl. Jules Verne, *Der Kurier des Zaren*, Frankfurt a. M. und Wien 1967, S. 108.

231 Werner Sombart, *Der Bourgeois. Zur Geistesgeschichte des modernen Wirtschaftsmenschen*, Hamburg 1988, S. 199.

232 Siehe dazu: Bruno Amable, Stefano Palombarini, *Von Mitterand zu Macron. Über den Kollaps des französischen Parteiensystems*, Berlin 2018.

233 Thieß Petersen, Falk Steiner, *Megatrend-Report #1. The Bigger Picture*, Gütersloh 2019, S. 46–47.

234 Andreas Reckwitz, »Ein neuer Paradigmenwechsel. Weder rechts noch links«, *Taz.Futurzwei*, 17.02.2012, Heft 12. {https://taz.de/Ein-neuer-Paradigmenwechsel/!170712/}, letzter Zugriff 29.02.2024

235 Meine Übersetzung. Wallerstein, »The Bourgeois(ie) as Concept and Reality«, S. 106.

236 Meine Übersetzung. Margaret Thatcher, »Interview for Sunday Times«, Sunday Times, 3. Mai 1981. {www.margaretthatcher.org/document/104475}, letzter Zugriff 29.02.2024

[237] Willy Brandt, *Reden und Interviews. Herbst 1971 bis Frühjar 1973*, Hamburg 1973, S. 155.

[238] Meine Übersetzung. André Breton, »Déclaration au meeting du POI du 17 décembre 1936«, in: ders., *Œuvres complètes*, Bd. 2, S. 1203. Siehe auch: Reynaud Paligot, *Parcours politique des surréalistes*, S. 169.

[239] Siehe dazu: Patrick Eiden-Offe, *Die Poesie der Klasse. Romantischer Antikapitalismus und die Erfindung des Proletariats*, Berlin 2017, S. 27–31.

[240] Meine Übersetzung. André Breton, »La dernière grève«, in: *La Révolution surréaliste*, 2 (1924), S. 2. Siehe dazu auch die Ausführungen Reynaud Paligots, die ich hier rezipiere. Reynaud Paligot, *Parcours politique des surréalistes*, S. 320–321.

[241] Meine Übersetzung. Breton, »La dernière grève«, in: *La Révolution surréaliste*, 2 (1924), S. 2.

[242] Karl Marx, *Das Kapital. Kritik der politischen Ökonomie*, Bd. 1 [Kapital I, MEW 23] Berlin 2018, S. 327.

[243] Marx, Das Kapital, Bd. 1 [Kapital I, MEW 23], S. 469.

[244] Karl Marx, *Das Kapital. Kritik der politischen Ökonomie*, Bd. 2 [Kapital II, MEW 24] Berlin 2018, S. 481. Viel detailreicher erklärt das Wal Buchenberg im Eintrag »Mittelklasse« des Karl-Marx-Lexikons, das all diese berühmten Zitate kontextualisiert. Wal Buchenberg, *Karl Marx-Lexikon. Von »Abfall« bis »Zusammenbruch«*, Berlin 2009. Auch online zugänglich unter: {https://marx-forum.de/marx-lexikon/lexikon_m/mittelklasse.html}, letzter Zugriff 29.02.2024

[245] Catherine Liu, *Virtue Hoarders: The Case against the Professional Managerial Class*, Minneapolis und London 2021.

[246] Über die mittlere Bourgeoisie schreibt Mao wiederum: »Ihre Einstellung zur chinesischen Revolution ist widerspruchsvoll: Wenn sie die Schläge des ausländischen Kapitals, die Unterdrückung durch die Militärmachthaber schmerzlich verspürt, fühlt sie die Notwendigkeit einer Revolution und tritt für die gegen den Imperialismus und gegen die Militärmachthaber gerichtete revolutionäre Bewegung ein; wenn aber das einheimische Proletariat kühn an der Revolution teilnimmt, das internationale Proletariat der Revolution von außen aktive Hilfe leistet und infolgedessen die mittlere Bourgeoisie spürt, daß die Verwirklichung ihres sehnlichen Wunsches, in ihrer klassenmäßigen Entwicklung die Stellung der Großbourgeoisie zu erlangen, bedroht ist, beginnt sie wieder an der Revo-

lution zu zweifeln.« Mao Zedong, »Analyse der Klassen in der chinesischen Gesellschaft«, in: ders., *Ausgewählte Werke*, Bd. 1, Peking 1968, S. 10–11. {https://www.marxists.org/deutsch/referenz/mao/1926/03/klassen.html}, letzter Zugriff 29.02.2024

247 Siehe dazu: Nicos Poulantzas, *Klassen im Kapitalismus – heute*, Berlin 1975. Sowie: Jannis Milios, Georg Economakis, »Mittelklassen, Klassenstellung und politische Klassenpositionen«, *PROKLA*, 176/3 (2014), S. 403–423.

248 Breton, *Entretiens – Gespräche*, S. 208.

249 Friedrich Engels, Karl Marx: »Manifest der Kommunistischen Partei«, in: Karl Marx, *Die Frühschriften*, Siegfried Landshut (Hg.), Stuttgart 2004, S. 597.

250 Engels, Marx: »Manifest der Kommunistischen Partei«, S. 598.

251 Franco Moretti, *The Bourgeois. Between History and Literature*, London 2013, S. 102.

252 Philip Larkin, »If, My Darling«, in: ders., *Collected Poems*, London 2003, S. 72.

253 Siehe zum Beispiel: Paul Krugman, »We Are the 99.9%«, *New York Times*, 24. November 2011. {www.nytimes.com/2011/11/25/opinion/we-are-the-99-9.html}, letzter Zugriff 29.02.2024

254 Meine Übersetzung. Paul Éluard, »Critique de la poésie«, in: ders., *Œuvres complètes*, Bd. 1, Paris 1968, S. 404.

255 Meine Übersetzung. André Breton, »La dernière grève«, in: *La Révolution surréaliste*, 2 (1924), S. 2.

256 Ebd., S. 2.

257 Ebd., S. 3.

258 Walter Benjamin, »Tagebuchnotizen 1938«, in: ders., *Gesammelte Schriften*, Bd. VI, *Fragmente vermischten Inhalts. Autobiographische Schriften*, Frankfurt a. M. 1985, S. 539.

259 William Makepeace Thackeray, *Vanity Fair. A Novel Without a Hero*, London 1963, S. 87.

260 Salvador Dalí, *So wird man Dali*, Wien 1974, S. 132.

261 Meine Übersetzung von »victim of socially accepted sadism«. Richard Rorty, *Achieving our Country. Leftist Thought in Twentieth-Century America*, Cambridge/MA 1999, S. 80.

262 Meine Übersetzung. Édouard Daladier, »Discours radiodiffusé du 21 août 1938«, in: Bernard Lachaise (Hg.), *Documents d'histoire contemporaine*, Bd. 2, *Le XXe siècle*, Bordeaux 2002, S. 98.

263 Meine Übersetzung. André Breton, »Limites non-frontières du surréalisme«, in: ders., *La clé des champs*, S. 13–14.

[264] Meine Übersetzung. André Breton, »Sur l'échec du front populaire«, in: ders., *Œuvres complètes*, Bd. 2, S. 1259–1260. Siehe auch: Reynaud Paligot, *Parcours politique des surréalistes*, S. 158–159.

[265] Ich übertrage hier aus: Julian Jackson, *The Popular Front in France. Defending Democracy, 1934–1938*, Cambridge, MA 1988, S. 121.

[266] Meine Übersetzung. André Breton, »Déclaration au meeting du POI du 17 décembre 1936«, in: ders., *Œuvres complètes*, Bd. 2, S. 1203. Siehe auch: Reynaud Paligot, *Parcours politique des surréalistes*, S. 169.

[267] Siehe dazu: Louis Althusser, *Machiavelli and Us*, London 1999, S. 23–25.

[268] Meine Übersetzung. Félix Guattari, »Everybody Wants to Be a Fascist«, in: Félix Guattari, *Chaosophy. Texts and Interviews, 1972–1977*, Los Angeles 2007, S. 152.

[269] Wilhelm Heitmeyer, »*Gruppenbezogene Menschenfeindlichkeit* (GMF) in einem entsicherten Jahrzehnt«, in: ders. (Hg.), *Deutsche Zustände*, Folge 10, Frankfurt a. M. 2010, S. 35.

[270] Wilhelm Heitmeyer, »Redetext anlässlich der Verleihung des Göttinger Friedenspreises am 10.3.2012«, Universität Bielefeld, Institut für interdisziplinäre Konflikt- und Gewaltforschung, S. 2.

[271] Heitmeyer, »*Gruppenbezogene Menschenfeindlichkeit*«, S. 326, 35.

[272] Thomas Mann, »Die Stellung Freuds in der modernen Geistesgeschichte«, in: ders., *Leiden und Größe der Meister*, Frankfurt a. M. 1982, S. 903.

[273] Filippo Tommaso Marinetti, »Manifest des Futurismus«, in: Wolfgang Asholt, Walter Fähnders (Hg.), *Manifeste und Proklamationen der europäischen Avantgarde (1909–1938)*, Stuttgart 2005, S. 7.

Pierre-Héli Monot, 1981 in Lausanne (Schweiz) geboren, lehrt Ästhetik und politische Theorie und ist zur Zeit Visiting Fellow an der London School of Economics. Er lebt in Berlin.

Erste Auflage Berlin 2024

MSB Matthes & Seitz Berlin Verlagsgesellschaft mbH
Großbeerenstraße 57A | 10965 Berlin
info@matthes-seitz-berlin.de

Satz: psb, Berlin
Druck und Bindung: GGP Media GmbH, Pößneck
Umschlaggestaltung: Dirk Lebahn, Berlin
ISBN 978-3-7518-2023-3
www.matthes-seitz-berlin.de

Réjean Ducharme
Von Verschlungenen verschlungen
Roman
Aus dem Französischen von Till Bardoux

Das Mädchen Bérénice Einberg wächst mit seinem Bruder Christian auf einer Insel im kanadischen Sankt-Lorenz-Strom auf. Die Eltern haben ihre Kinder vertraglich untereinander aufgeteilt: Christian wird von seiner Mutter katholisch erzogen, Bérénice von ihrem Vater jüdisch. Voller Verachtung gegenüber der Welt der Erwachsenen lehnt sich Bérénice vehement und kompromisslos gegen sie auf. Angewidert von ihrem eigenen Erwachsenwerden flüchtet sie sich zwischen einsamer Zärtlichkeit und gewalttätigem Zynismus in ihre eigene Welt, aus der sie das »zu schöne Gesicht« ihrer Mutter und die Liebe zu verbannen versucht. Zuneigung empfindet sie allein ihrem Bruder gegenüber, mit dem sie in ausgedehnten Streifzügen Flora und Fauna der Insel erkundet.

Ein Roman von magisch tiefem Sog. Ducharme beschwört in einer ebenso unbändigen wie poetischen Sprache ein düsteres Universum herauf, in dem die Auflehnung zur einzigen Hoffnung wird.

Matthes & Seitz Berlin

Antonin Artaud

Heliogabal

Roman

Aus dem Französischen von Brigitte Weidmann

»Im überaus reichen Repertoire schauerlicher, lasterhafter und prunkvoller Wechselfälle aus der dekadenten römischen Spätzeit ist das Leben des Heliogabal ein Grenzfall: Gottkaiser mit vierzehn Jahren, umgebracht und in eine Kloake geworfen mit achtzehn, Priester und Wüstling, bewusster Verwalter von Zerfall und Anarchie inmitten der grandiosesten politischen Ordnung, die die klassische Welt hervorgebracht hat, und alles, was wir von seinem Leben wissen, steht bereits per se im Zeichen der Zuspitzung aller Kontraste, es ist eine Biografie, die nur aus Exzessen besteht.« *Roberto Calasso*

In dieser Romanbiografie gibt Antonin Artaud zu Beginn der Dreißigerjahre alles an Wut und Verzweiflung hinein, die er selbst gegen die Welt seiner Zeit hegt, in einer wuchtigen Sprache voller Gewalt und Übertreibung revoltiert er damit gegen die Gesellschaft, indem er sich in Heliogabal spiegelt.

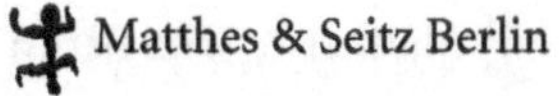
Matthes & Seitz Berlin

Georges Bataille

Die Erotik

Aus dem Französischen
von Gerd Bergfleth

Der Philosoph und Schriftsteller, der die Bordelle von Paris als seine wahren »Kirchen« betrachtete, zählt zu den kühnsten Denkern des 20. Jahrhunderts. *Die Erotik* ist ein erzählerischer Langessay zwischen Anthropologie, Geschichtensammlung und Philosophie. Systematisch verknüpft Bataille darin die sexuelle Basis der Religion mit dem Tod und bietet ein schillerndes Spektrum an Einblicken in Inzest, Prostitution, Ehe, Mord, Sadismus, Opfer und Gewalt sowie Überlegungen zu Freud, dem Marquis de Sade und der Heiligen Teresa. Überall, so Bataille, ist das Geschlecht von Tabus umgeben, die wir ständig überschreiten müssen, um das Gefühl der Isolation zu überwinden, das in uns allen herrscht. »Der menschliche Geist ist den überraschendsten Ansprüchen ausgesetzt. Unaufhörlich hat er Angst vor sich selbst. Seine erotischen Regungen erschrecken ihn. Die Heilige wendet sich entsetzt vom Wollüstigen ab: Sie weiß nichts von der Einheit, die zwischen seiner uneingestehbaren Leidenschaft und ihrer eigenen besteht.«

»Bataille ist einer der wichtigsten Schriftsteller des Jahrhunderts.« *Michel Foucault*

Matthes & Seitz Berlin

László F. Földényi
Melancholie
Aus dem Ungarischen
von Nora Tahy und Gerd Bergfleth

László F. Földényi, einer der brillantesten Essayisten der Gegenwart, wendet sich mit seiner charakteristischen Fülle an literarischen, ästhetischen und historischen Einsichten der Melancholie zu. Sein Buch, teils Geschichte des Begriffs und teils Analyse der melancholischen Disposition, taucht weit in die Vergangenheit, um die Zweideutigkeiten der Melancholie zu untersuchen. Unterwegs entdeckt Földényi die Melancholie als Energie und Kreativitätsquelle wieder, die in der Lage wäre, uns inmitten unserer verhärteten Gegenwart in Bewegung zu setzen.

»Das Leben heute ist ja so geplant, dass man eigentlich nicht Melancholiker sein darf. Als ich dieses Buch geschrieben habe, versuchte ich eine Art unterirdischer Geschichte von Europa aufzudecken, und ich glaube, dass der Melancholiker dadurch ausgezeichnet ist, dass er sich vor dieser Welt verstecken möchte, er will aber nicht ins Jenseits flüchten, vielmehr ist er vertraut mit einer Geschichte, die verschwiegen und verdrängt wird.« *László F. Földényi*

Matthes & Seitz Berlin